NOBEL

Tujie Tianxia
Mingren Congshu

图解天下名人丛书　　本书编写组◎编

诺贝尔

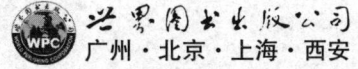

世界图书出版公司
广州·北京·上海·西安

图书在版编目（CIP）数据

诺贝尔/《图解天下名人丛书》编委会编.—广州：广东世界图书出版公司，2009.5（2024.2重印）

（图解天下名人丛书）

ISBN 978-7-5100-0627-2

Ⅰ.诺… Ⅱ.图… Ⅲ.诺贝尔，A.B.(1833~1896)—传记—画册 Ⅳ.K835.326.13-64

中国版本图书馆 CIP 数据核字（2009）第 073666 号

书　　名	诺贝尔 NUOBEIER
编　　者	《图解天下名人丛书》编委会
责任编辑	卢　欣　张梦婕
装帧设计	三棵树设计工作组
出版发行	世界图书出版有限公司　世界图书出版广东有限公司
地　　址	广州市海珠区新港西路大江冲 25 号
邮　　编	510300
电　　话	020-84452179
网　　址	http://www.gdst.com.cn
邮　　箱	wpc_gdst@163.com
经　　销	新华书店
印　　刷	唐山富达印务有限公司
开　　本	787mm×1092mm　1/16
印　　张	12
字　　数	150 千字
版　　次	2009 年 5 月第 1 版　2024 年 2 月第 10 次印刷
国际书号	ISBN 978-7-5100-0627-2
定　　价	59.80 元

版权所有　翻印必究

（如有印装错误，请与出版社联系）

前　言

阿尔弗雷德·贝恩哈德·诺贝尔（Alfred Bernhard Nobel）1833年10月22日出生于瑞典的斯德哥尔摩，1896年12月10日逝于意大利圣雷莫。他是瑞典化学家、工程师和实业家，诺贝尔奖金的创立人。

诺贝尔的父亲是一位颇有才干的发明家，倾心于化学研究，尤其喜欢研究炸药；母亲是以发现淋巴管（约1653年）而著名的瑞典博物学家O·鲁德贝克的后裔。

诺贝尔从小主要受家庭教师的教育，16岁就成为颇有能力的化学家，而且能流利地说英、法、德、俄、瑞典等国语言。1850年离开俄国赴巴黎学习化学，1年后又赴美国在J·埃里克森（铁甲舰"蒙尼陀号"的建造者）的指导下工作了4年。返回圣彼得堡后，他在父亲的工厂里工作，直到1859年该工厂破产为止。由于受父亲的影响，诺贝尔从小就表现出顽强勇敢、百折不挠的性格。经过长期地研究，他终于发现了一种非常容易引起爆炸的物质——雷酸汞。他用雷酸汞做成炸药的引爆物，成功地解决了炸药的引爆问题，这就是雷管的发明。它是诺贝尔科学道路上的一次重大突破。

诺贝尔从小体弱多病，一生的大部分时间忍受着疾病的折磨，终生未婚，没有子女。但他意志顽强，不甘落后，将毕生精力致力于科学研究与发明，获得专利355项。这些发明使诺贝尔在世界化学史上占有重要地位。他生平所发明的炸药有：猛炸药、无烟火药、"巴立斯梯"或称C89号。1880年获得瑞典科学勋章和法国大勋章。1884年加入瑞典皇家科学会、伦敦的皇家学会和巴黎的土木工程师学会。他在五大洲20个国家开设了约100家公司和工厂，并在世界各地都有他的炸药制造业股份，加上他在俄国巴库油田的产权，积累了巨额财富。

逝世前，诺贝尔立遗嘱将约920万美元的遗产作为基金，以其年息（每年20万美元）设立物理、化学、生理或医学、文学以及和平事业五种奖金（1969年瑞典国家银行增设经济学奖金），奖励当年在上

述领域内做出最大贡献的学者。从1901年开始，奖金在每年诺贝尔逝世日12月10日颁发，奖励那些在物理、化学、生理与医学、文学及和平（1969年增加经济学）方面做出重大贡献和向科学高峰努力攀登的人。今天，以他的名字命名的科学奖，已经成为举世瞩目的最高科学大奖。他的名字和人类在科学探索中取得的成就一起，永远留在人类社会发展的文明史册上。

诺贝尔本质上是一位和平主义者，希望自己发明的破坏性炸药有助于消灭战争，但他对人类和国家的看法是悲观主义的。

诺贝尔对文学有长期的爱好，在青年时代曾用英文写过一些诗歌。后人还在他的遗稿中发现他写的一部小说的开端。另外，他对各种人道主义和科学的慈善事业捐款十分慷慨。

早年的贫困与忧虑，使得诺贝尔喜爱居住在偏远的地方和安静的生活。虽然是一个炸药和武器方面的发明家和工业家，他却厌恶暴力与战争，并且是一名忠诚的和平之友。他是一位从早年起就把整个世界作为自己工作场所的彻底的世界主义者。他不仅为人类创造了大量物质文明财富，还为人类留下了艰苦创业、不慕功利、不图虚名的崇高精神。

目录

炸药家族

卓越的一家人 …………… 2
工厂主家庭 …………… 9
爱玩火药 …………… 15
去美国留学 …………… 22
回到俄国 …………… 24
研究炸药 …………… 27

发明新炸药

发明雷管 …………… 41
工厂大爆炸 …………… 49
甘油炸药 …………… 63
可塑炸药 …………… 75
家族的事业 …………… 81
石油之城——巴库 …… 88
飞行炮弹 …………… 94
在法国遭遇挫折 ……… 101

目录

博爱情怀

孝敬双亲 …………… 108
资助穷人 …………… 112
文学爱好者 ………… 123
对宗教的认识 ……… 130
战争与和平的困扰 … 135

和平的使者

多方面的发明 ……… 142
劳动是我的生命 …… 149
世界大企业家 ……… 155
最后遗嘱 …………… 160
总算叶落归根 ……… 170
诺贝尔奖颁奖典礼 … 174

诺贝尔年表 …………………………… 184

炸药家族

人生最大的快乐不在于占有什么,而在于追求什么的过程中。

——诺贝尔

卓越的一家人

阿尔弗雷德·诺贝尔的母亲卡罗琳娜生前一直津津乐道于诺贝尔家族的一位先祖,并引以为荣。这位先祖就是奥拉夫·卢德贝克。

卢德贝克曾经是瑞典乌普萨拉大学的校长。这位杰出的先祖在数学、物理、化学、天文、植物、动物、解剖、建筑和机械等方面都表现出出色的天赋,他的兴趣之广令人咋舌。如果非要给他冠个头衔,我们还是叫他医生和建筑师吧。

22岁那一年,卢德贝克就发现了淋巴腺及其功能,为血液循环理论作出了重要的补充。在他任职的乌普萨拉大学,他兴建了一座解剖室;他还曾经雄心勃勃地计划写一部12卷插图本植物学著作,并在瑞典建立起第一座植物园。另外,这位在自然科学建树颇丰的校长还在瑞典文学史上留下了浓墨重彩的一笔,他发掘了一些极具史料价值的瑞典神话传说。

总之,卢德贝克知识渊博,多才多艺。卡罗琳娜一直坚持认为:"只

卢德贝克

有我的儿子阿尔弗雷德才继承了卢德贝克的非凡智慧，才配得上他那样的天才。"

事实上，不光是阿尔弗雷德，诺贝尔一家个个才华横溢，成就卓著。

阿尔弗雷德·诺贝尔的父亲是伊曼纽尔·诺贝尔。

伊曼纽尔出生的时候，他那可怜的爸爸早就躺在了坟墓里，把那个穷得揭不开锅的家留给了妻子和儿子。这位父亲生前也没有什么值得骄傲的地方，他曾在俄国军队里干过活，帮军人理理发，同时还担当外科医生。不过这位"医生"没有受过任何正规的训练，他给人治病完全靠的是经验和摸索，未免有点江湖郎中的味道。

跟他父亲一样，伊曼纽尔没有条件上学读书，不过他脑子灵光，比一般人聪明，而且手脚勤快，吃苦肯干。虽然如此，但在后来的发展中，伊曼纽尔终归还是因为没有受过系统教育而受到许多限制。

穷人的孩子早当家。为了生活，伊曼纽尔从很小的时候起就开始走南闯北。16岁那年，他干脆离开了家，登上一艘名为"忒提斯号"的货船当起了船舱侍者。货船开到埃及的时候，伊曼纽尔便登上岸，开始了在埃及谋生的日子。

一开始，伊曼纽尔凭借自己年轻力壮，找一些敲敲打打的零碎活计。不过，他在干活的时候还多长了个心眼，他边干边细心观察，并在心里暗暗琢磨研究别人的手艺。由于悟性极高，伊曼纽尔慢慢地学会了一套建筑本领。后来，总督穆哈默德·阿里雇佣他干活，从此伊曼纽尔成了一位名副其实的建筑师。

3年后，伊曼纽尔回到了瑞典。屁股还没坐稳，一个好机会就降临到了这位能干的年轻人头上。

伊曼纽尔得知，国王查理四世和他的随从即将路过他的家乡。这可让家乡那群乡下人忙死了，他们准备了各种仪式来欢迎国王，聪明的伊曼纽尔也动起了脑筋。

"我记得以前曾经听人说起，查理四世在罗马的时候，凯旋

门给他留下了深刻的印象,令他赞不绝口。如果我能依样仿制一座的话,国王一定会很高兴的。"

于是,能干的伊曼纽尔当即动手并最终成功建造了一座惟妙惟肖的凯旋门,向国王献礼。这座仿制的建筑物虽然比不上原物壮丽精美,却也颇具神韵。

"想不到在这么一个穷乡僻壤还有这等能工巧匠!"国王见了之后非常高兴,伊曼纽尔的凯旋门着实讨了国王的欢心,小地方也顺带沾了光。

有了这一番经历,伊曼纽尔自然受到了关注。不久,在两位杰出的瑞典建筑师的资助下,1821年,他进入斯德哥尔摩建筑学校学习深造。在学校里,聪明的伊曼纽尔成绩优异,他曾4次获得发明奖,连校长都为他高兴。

第一次,伊曼纽尔研制的风力推动的抽水机模型,获得了60泰勒的奖金,这是学校当时颁发的最高奖金;第二次,他凭借自己研制的一台精巧的活动房屋模型,又拿到了60泰勒;随后,他设计制作的一种螺旋形的盘梯模型和他设计的一种新式印染机又先后得奖。

1825年以后,伊曼纽尔又转到了工程学校学习。在工程学校期间,他因为发明亚麻精整机而获得该校的年度奖学金。

虽然伊曼纽尔成绩卓著,但是这两所学校都只是不太正规的夜校,专门为那些需要充电的成年人而设立。所以,伊曼纽尔在那里都没有读到毕业,而把大量的宝贵时间都花在了自己琢磨、进行发明创造上。

在斯德哥尔摩的这段时期,伊曼纽尔完成了不少新的建筑工程。他曾进行过关于"多动木房"的种种设计实验;建造了浮桥;还造出了各种机床,这些机床获得了人们的好评。1828年,伊曼纽尔发明的"诺贝尔机械运动"还获得了专利权。"诺贝尔机械运动"是一种将循环运动改为前后运动的新方法。在这种方法的基础上,造出了10个滚轮的碾压机。

26岁那年,伊曼纽尔已经成长为一个开朗、热情、雄心勃勃的青年。他仪表堂堂，一头亚麻色的头发随风飘动，两眼常因思索而熠熠发光，笔挺的身姿犹如军人，加上奔放的性格，使他看起来显得格外高大壮实。这个小伙子足智多谋，浑身上下似乎有使不完的劲儿，赢得周围人的交口称赞，他的地位和事业也逐渐稳定下来。

这一年，伊曼纽尔把富裕的阿尔塞尔家的女儿卡罗琳娜迎娶过门，并且搬进了一所舒适的公寓。随后的几年，大儿子罗伯特、二儿子路德维格和三儿子阿尔弗雷德相继出生了。

伊曼纽尔·诺贝尔

卡罗琳娜比伊曼纽尔小 3 岁，虽说出生于富人家庭，但她绝不是娇滴滴的大小姐，丝毫没有一般富人孩子娇生惯养的坏毛病。这位女性为人质朴坚定，话语不多，吃苦耐劳。她还是一个虔诚的基督教徒，对遭遇世间苦难和不幸的人们怀着真诚的同情和怜爱，并以帮助别人作为自己最大的快乐。

伊曼纽尔是一个天才，他脑子里有无穷的想象，各种怪念头层出不穷，他的许多设想和研究都与阿尔弗雷德·诺贝尔的成就息息相关。可惜，由于缺乏必要的技术教育，伊曼纽尔有时候无法辨认什么是真正可行的计划，什么又只是离奇的想象。伊曼纽尔天性乐观热情，却并不是一个精明的商人，他做事情凭着一股子热情和冲动，却懒得进行统筹规划，对可能遭遇到的困难和障碍不能未雨绸缪。他曾经拥有大规模的企业，可是他对研究工作的兴趣远远大于经营企业的责任感。这些个性缺点是让伊曼纽尔屡遭挫折的一个重要原因。幸好他豪爽豁达，这些挫折都不曾使他失意介怀。

现在我们该讲讲伊曼纽尔三个天资聪颖的儿子了。

大儿子罗伯特出生于 1829 年 6 月 8 日，经历相对较为简单。

他一生中最重要的成就是发现了巴库油田并和他的兄弟一道创建了规模巨大的诺贝尔兄弟石油公司。这个公司对俄罗斯帝国的国防、工业和海陆运输等方面的发展都发挥了重要的作用。 在公司创业的最初几年,罗伯特亲自驻守在天寒地冻的巴库,组织指挥当地的技术工作,为石油公司日后的发展打下了扎实的基础。 直到后来因为病重,罗伯特才不得不辞去职务。

罗伯特

在那个时代,有一位名叫马因夫的人写了一本书,在书中他这样描写罗伯特和他的弟弟路德维格:

> 两位瑞典人,罗伯特·诺贝尔和路德维格·诺贝尔,完全改变了俄国的石油工业以及俄国在里海的工业和政治状况。 正如阿尔弗雷德·诺贝尔利用他的黄色炸药改变了采矿操作方法和战争技艺一样,他们也给予民主不可估量的力量。

不过,从个性上说,罗伯特比他的两个同胞兄弟更容易悲观失落,也更容易拘泥于小节。 父亲伊曼纽尔在圣彼得堡破产之后,罗伯特就久久不能从这次打击中振作起来。

二儿子路德维格生于1831年7月27日。 他年轻时在圣彼得堡父亲的工厂中帮忙办事,才干逐渐得到显露,并成长为一名出色的机械工程师。 父亲破产之后,路德维格在维堡买下一家小工厂。 在他的悉心经营之下,工厂逐渐发达起来。 在19世纪六七十年代,路德维格曾致力于制造步枪和手枪。

巴库油田发现之后,路德维格在油田的经营和管理中扮演了重要的角色，他对油田的工作进行了许多技术上的改进，在许多方面都堪称世界首创。 尤其在罗伯特因病退职后，路德维格更是一手包揽了巴库油田的大小事务。 在他的领导下，油田的规模成倍扩大，诺贝尔兄弟石油公司逐渐成为一个庞大的企业。像他父亲一样，繁重的事务不仅没有压垮路德维格，反倒让他如鱼得水。 在各种压力之下，他天生的创造力和魄力一点一点被激发出来，并发挥得淋漓尽致。

路德维格天生具有企业家与领导者的良好素质，拥有旺盛的精力和远大的目光。 他还是个不折不扣的"工作狂人"，最常挂在他嘴边的一句话就是："不工作的人不要吃饭。"

工作之余，路德维格还不忘给自己充充电，吸收人类文明的伟大成果。 他兴趣广泛，爱好哲学和文学，尤其钟情于法国作家伏尔泰。 路德维格想象力丰富，对各种艺术形式都有不凡的鉴赏能力，能提出自己的真知灼见。

这位果断坚毅的企业家其实感觉敏锐、虚怀若谷，很善于体贴别人。

拿他对待员工的态度来说，路德维格同情、爱护他手下的工人，热心为他们谋取各种福利。 他为工厂里所有的工人建造起住宅区，有家室的住在比城里的条件还要好的房子里，未婚的工人住在公寓里。 对于不愿意住在巴库的人，工厂还派出轮船随时接送。 他还想方设法改善工人们的生活状况，让他们尽量过得舒适自在，以便把全部精力投入到工作之中。 为了不使工人们入不敷出，让他们在经济上稳定下来，路德维格还设法拨出一笔款子建立了一所储蓄银行，鼓励人们把钱存到银行里。

这么好的老板自然受到了他的员工们的一致爱戴和拥护。他们为拥有这样一位深明大义、仁慈体贴的老板而庆幸不已。工厂里几乎没有主动要求辞职的工人，相反，他们平时总是能主动替路德维格考虑。

伊曼纽尔的三儿子阿尔弗雷德·诺贝尔是本书的主角，也是那个时代最伟大的人物之一。

提到他，我们不能不提他的一系列创造发明。阿尔弗雷德是一位当之无愧的大发明家，他知识渊博，在许多方面都有建树。他的一生硕果累累，总共取得了355项科学发明的专利，为合成化学的发展作出了杰出的贡献。

阿尔弗雷德提出了用不挥发溶剂溶解硝化纤维素来制造人造革、人造橡胶的想法。虽然这一设想在他生前未能实现，但却为后人制造人造革和人造橡胶开拓了思路。他还是人造丝工业的先驱者之一，发明了用来挤压喷注人造丝的玻璃管。

就在阿尔弗雷德60岁那一年，在风湿和心脏病的双重折磨下，这位花甲老人还取得了15项专利。

当然，炸药的发明是阿尔弗雷德留给世人最辉煌灿烂的一项成果，硝化甘油引爆法、雷管、达纳炸药、炸胶、无烟炸药以及速爆炸药、缓性炸药等发明在19世纪后期为工业生产的迅猛发展提供了强大的动力，为人类征服自然带来了福音。炸药得到了广泛地使用，一条条铁路相继通车，一座座矿山得到开采发掘。

除了自己发明创造，阿尔弗雷德还热情资助别人。他慷慨地承担了恩盖上尉试验"空中鱼雷"的费用，并且亲自参与了相关研究。现代生活中人们使用的变速齿轮自行车、消除留声机杂音的减音器等发明，也都曾经得到阿尔弗雷德的热心赞助。

阿尔弗雷德不光是个发明家，还是个显赫一时的大企业家。他的公司曾遍布世界各地，并组合成两个规模巨大的托拉斯。这个庞大的实业帝国对整个世界都具有举足轻重的影响。

不过，让阿尔弗雷德·诺贝尔家喻户晓的还是他用自己的巨额遗产设立的诺贝尔奖金。一年一度的诺贝尔奖如今已经深入人心，让成千上万的人为之牵肠挂肚。不论是科学家、文学家，还是政治家、经济学家，无不以获得诺贝尔奖作为自己所能得到的最高荣誉。不管谁捧走这个奖，他所在的国家必然举国欢腾。总之，诺贝尔奖已经成为具有世界意义的大奖。

年轻的牧师苏德勃罗曾经这样描述阿尔弗雷德：

当他孤零零死去时,没有妻儿在旁边给他安慰……他的天性,既不为名利所动,又不为孤独所苦,直到他生命的末日。他是热心的、仁爱的。在他的生活里,处处表现出高贵的品德。

这段评价恰如其分地概括了阿尔弗雷德的一生。现在,就让我们翻开这位杰出人物一生的篇章,跟他一起经历一番风风雨雨吧!

工厂主家庭

阿尔弗雷德·诺贝尔,乍听之下很像是英国人的名字,因此有些人怀疑他的祖先是迁居瑞典的英国移民,事实上他是真正土生土长的瑞典人。他历代的祖先都以诺贝尔利物斯为姓,不知为何从他祖父时代起简化为诺贝尔。

阿尔弗雷德的父亲伊曼纽尔·诺贝尔就是个发明狂,一生中有过不少的发明。秉承了父亲创造发明的兴趣,再加上先天和后天的优良条件,阿尔弗雷德·诺贝尔最终成为历史上伟大的发明家。

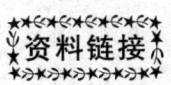

斯德哥尔摩

斯德哥尔摩是瑞典第一大城市,瑞典首都,全国政治、经济、文化中心。面积186平方公里,人口截至2007年底约79万。斯德哥尔摩大区包括周围四个市区,人口共186万。它位于辽阔的波罗的海西

风景如画的斯德哥尔摩

岸,坐落在梅拉伦湖入海处,市区分布在14座岛屿和一个半岛上。市内水道纵横,70余座大小桥梁把它们联为一体,素有"北方威尼斯"的美誉。

斯德哥尔摩在英语里意为"木头岛"。城市始建于公元13世纪中叶。那时,当地居民常常遭到海盗侵扰,于是人们便在梅拉伦湖入海处的一个小岛上用巨木修建了一座城堡,并在水中设置木桩障碍,以便抵御海盗,因此这个岛便得名为"木头岛"。关于斯德哥尔摩这个名称,在当地还有传说:古时梅拉伦湖上漂浮着一根巨大的木头,引导来自锡格蒂纳的第一批移民至此,建立了这座城市。另有这样的传说:以前这里一片荒凉,海浪冲来的遇难船只的碎片堆满海滩,当地居民便捞取这些木片搭起简陋的小屋。由于这些木片均不成块,只是一条条木头样的废料,因此,搭起的房子东倒西歪。1250年,这种碎木房屋在小岛上形成了一条街,外国船只开到这里进行商贸活动,看见街上的房屋如此模样,不禁感到好笑,随口喊出"斯德哥尔摩"。"斯德哥"是木头的意思,"尔摩"则是岛的意思,合起来为"木头岛"。

由于斯德哥尔摩地理位置适中,气候温和,环境优美,在1436年被定为都城，并逐渐发展成为斯堪的纳维亚半岛上的最大城市。

斯德哥尔摩既有典雅、古香古色的风貌，又有现代化城市的繁荣。在老城区，那里有金碧辉煌的宫殿、气势不凡的教堂和高耸入云的尖塔，狭窄的大街小巷显示出中世纪的街道风采。在新城区，则是高楼林立、街道整齐，苍翠的树木与粼粼的波光交相映衬。在地面、海上、空中竞相往来的汽车、轮船、飞机、鱼鹰、海鸥，给城市增添了无限的活力，而远方那些星罗棋布的卫星城，更给人们带来一抹如烟如梦的感觉。

斯德哥尔摩也是一座文化名城，市内有50多座博物馆，如民族、自然、美术、古文物、兵器、科技博物馆等，分门别类，各有千秋。在斯坎森露天博物馆，有150座从瑞典各地搬来的农家小舍，风格各异，生动形象地向人们展现出瑞典古代劳动人民所度过的那些简朴而富有意义的岁月。此外，还有藏书达100余万册的皇家图书馆和拥有100多年历史的斯德哥尔摩大学等。

自1809年以来，瑞典一直没有卷入各种战争之中。在两次世界大战中，因瑞典宣布为中立国，居民照常过着平静安宁的生活，斯德哥尔摩因此被人们称为"和平的城市"。

伊曼纽尔是一位建筑师，即使再怎么穷，仍然为自己建了一栋小屋，并为自己设计了一间研究室。

他热衷于研究发明，这使他在精神上得到了很大满足。但不能否认的是，他所创造发明的东西都未能受到大众的欢迎，以至于生活依旧贫苦不堪。

伊曼纽尔的发明多半趋于理想而忽略了实用的价值，例如有一天，他拿着一个偌大的橡皮袋，出现在太太与三个儿子的面前，他说："大家看这是什么？"

"我知道，一定是帐篷！"

"才不是呢，应该是登山袋！"

孩子们争先恐后地猜测着。

"哈哈，你们都很聪明，它既是帐篷也是登山袋。看！穿起来又像是防雨的披风。"

"哇，太好了，爸爸！"孩子们高兴地嚷着。

"嗯，不只这样，还可以浮在水面上靠它来渡河呢！"

"好棒啊，真是探险的好工具。"

"不、不、不，这是为军队设计的，是行军时最方便的用品。"

像这样方便又有用的袋子，在当时却没有一个国家的军队对它感兴趣。所以诺贝尔一家人一直不曾因此项发明的富裕过。

1833年，也就是阿尔弗雷德出生的那一年，由于遭遇一场火灾，全家人的生活陷入了困境。

伊曼纽尔虽然拼命地去找工作，但老天似乎有意和他为难，没有一件工作找得顺利。在无以为生的情况下，他只好于1837年离开妻儿，只身前往芬兰。

但在芬兰他仍没有谋得好的职业，于是又辗转去到了俄国。

老天不负有心人，他终于在圣彼得堡找到一份工作。在此他的发明才华得以萌芽、滋长，因而有了日后的成就。

资料链接

圣波得堡

圣彼得堡位于波罗的海芬兰湾东岸，涅瓦河河口，是俄罗斯第二大城、重要的工业中心和交通枢纽。城市发端于1703年，彼得大帝在涅瓦河口的查亚茨岛上建立要塞，后扩建为城，称圣彼得堡。1712年，俄国首都从莫斯科迁到这里，持续200余年。1914年改称彼得格勒，1924年列宁逝世后又命名为列宁格勒，1991年苏联解体后恢复圣彼得堡旧名。

涅瓦河三角洲上数十条纵横交错的水道和运河，把大地分割成近百个小岛，靠四百多座桥梁相连，使圣彼得堡具有独特的"水城"和"桥城"景观。中心城区在大涅瓦河南岸，全市最繁华的涅夫斯基大街（涅瓦大街）横贯城区，海港、河港和各类工厂分布在外围的瓦西里耶夫岛区、彼得格勒区和维堡区。昔日帝都留下的俄罗斯古典建筑群和名胜古迹比比皆是，如彼得罗巴甫洛夫斯克要塞、冬宫与皇宫广场、夏花园与夏宫、海军总部大厦、圣伊萨克大教堂、

19世纪末的圣彼得堡

十二月党人广场、斯莫尔尼宫……涅瓦河哺育了灿烂辉煌的俄罗斯文化，使圣彼得堡成为著名的科学文化城。罗蒙诺索夫、门捷列夫、普希金、果戈里等许多杰出的人物都在这里生活和工作过。城内拥有数以百计的科研机构，数十所高等院校以及众多的博物馆和图书馆、影剧院等。

伊曼纽尔的成功不仅改善了家庭的经济问题，更重要的是给他的幼子阿尔弗雷德带来极大的启示，促成其后来的伟大成就并赢得"火药王"的头衔。

阿尔弗雷德·诺贝尔出生于1833年10月21日。

当时他们一家人的生活极为困苦，由于营养不良，瘦小虚弱的阿尔弗雷德经常感冒、发烧，这使父母为他操了很多的心，但他聪慧的天资却远胜于两位哥哥，因此深得父母的喜爱。

7岁的那一年，父亲远行俄国，他便在母亲的爱护下成长。

8岁时，他就读于镇上一所小学。由于身体的虚弱使他不得不经常请假，但智慧过人的他，学业非但不落人后，反而比其他同学更为优秀。

"这孩子经常生病，恐怕跟不上课程的进度。"母亲忧虑地对老师说。

"这你尽管放心，他聪敏好学，功课一向很好，尤其是作文。虽然他父亲是学建筑的，但他以后恐怕会和他父亲走相反的道路，成为一位优秀的文学家。"老师这样安慰着诺贝尔的母亲。

在一个父亲常年在外，而由母亲全力支撑的家庭里，阿尔弗雷德日渐长大了。

由于身体瘦弱，经常生病，阿尔弗雷德没有太多的玩伴。他经常独自玩耍，不像一般小孩子那样活泼好动。

他喜欢安静地看童话故事或到草原上散步，去摸摸青草、虫儿，或捡捡小石头赏玩一番。

阿尔弗雷德的外婆很疼他，经常为他讲一些瑞典和丹麦的童话故事。这时的他总是乖巧地静静聆听，脑海里充满了无尽的遐想。

或许是这个原因，激发了阿尔弗雷德的幻想，使他也想奔赴父亲所在的遥远的俄国。

在校园里，他经常远离同学，独自坐在树荫下看着天空中变幻不定的云彩，或观察地面上昆虫的各种活动。他所表现出的浪漫情结，使老师很有把握地断定他将来必会成为诗人或文学家。

老师的看法的确是有几分正确性，他对文学的兴趣极浓厚，也曾作过诗歌和小说。

但这种单独玩耍的个性及对大自然观察入微的情形，其实是他将来长大后细心研究和发明能力的雏形。

父亲到俄国一转眼已有3年的时间了。此时，阿尔弗雷德也已经9岁。就在这一年秋天，家人收到了父亲从俄国寄来的信。

父亲在信中对以往家中艰难的生活向家人表示极大的歉意，并说明最值得庆幸的是全家人就要在俄国共同创造美好的生活了。

原来伊曼纽尔在圣彼得堡已经拥有一个制造军用机械的工

厂，身为瑞典籍的发明家，他深受俄国政府的重视。

"太好了！"

"我们就要和爸爸见面了！"

"圣彼得堡是一个很大的城市吧！"

大家兴高采烈地揣测、憧憬着未来。

这时，老大罗伯特13岁，老二路德维格11岁，阿尔弗雷德也已经9岁了。于是一家人为了准备搬家而忙碌起来。

1843年10月22日，也就是阿尔弗雷德10岁生日的那天，一家大小怀着无限的欢乐和希望离开瑞典，乘坐轮船渡过波罗的海向俄国的圣彼得堡出发了。

爱玩火药

圣彼得堡市街中心有座高耸的寺塔及圆形的屋顶，屋顶上直立的尖柱和建筑物间石砌的大道，这些都与斯德哥尔摩迥然不同。

诺贝尔他们乘坐的马车轻快地奔跑着，车轮时时发出"喀啦喀啦"的声音，好像在为他们喝彩。

即将骨肉重逢，诺贝尔一家人再也隐藏不住内心的兴奋和喜悦，他们脸上无时不展露着笑意。孩子们更是左顾右盼，他们似乎对异国大城市中的每一件事物都感到惊奇。

当伊曼纽尔看到已经长大的孩子们，尤其看见阿尔弗雷德活泼、健康、快乐的模样，心中更是充满了无比的欣慰。

"嘿，你们都长高了。阿尔弗雷德，听说你的成绩一向很不错！"

"爸爸才棒呢，而且也比以前更强健了！"

"哈哈，工作顺利，自然就心宽体胖了。待会儿回到家后带你们去参观工厂，好不好？"

"哇，好啊！爸爸的工厂是做什么的？"

"制造火药。"

"太棒了！"

孩子们张大眼睛高兴地比手画脚。

"爸爸，火药是装大炮用的吗？"

"不错，是装在大炮、枪和水雷里面的。"

"什么是水雷？"

"是一种埋藏在水面下的不动的雷。当不知情的船舰通过时，会因触碰而发生爆炸，把船舰摧毁。"

在摇晃不定的马车中，阿尔弗雷德仔细听着父亲和哥哥们的对话，眼睛还不停地浏览两旁奇特的景致。

不久，他们就到家了。

"今后你们三兄弟要相互勉励，努力求学，这样才能成就比父亲更伟大的事业，你将来打算做什么？罗伯特！"

"我一定要成为伟大的技师！"

"老二，你呢？"

19世纪使用的沙皇大炮

"我们家向来很穷,所以我要做一个大企业家,赚很多很多的钱。"

"爸,我将来要做发明家!"阿尔弗雷德不甘人后地抢着开口。

"好了,好了,将来想做什么都可以。目前最重要的是好好用功读书。"母亲严肃地对他们说。

"圣彼得堡可有好一点的学校?"

"当然有,但你们还不懂俄语,所以我们要先请一位老师教你们学俄语。"

就在他们到达的第二天,父亲为他们请了一位教俄语的老师。三个兄弟都非常聪明,尤其是阿尔弗雷德,年纪虽小,学习俄语的成绩却不亚于两位哥哥。

"阿尔弗雷德,你很有语言天才,肯定能很快就把俄语学得很好了。"有一天,老师称赞道。

"学外国语言很有趣呀!"

"很好,当俄语学会后我再教你英语、德语。"

"一定的!老师您一定要教我!"

就这样,除了俄语,阿尔弗雷德又学会了几种外国语言。

哥哥们因年纪较长,所以课业做完后,还得到爸爸的工厂里,去学习操纵各种机械或帮忙处理办公室的事务。

"我真以你们为荣,你们不愧是我的儿子。只要大家努力不懈、合作无间,相信不久我们就可拥有规模更大的工厂了。"

伊曼纽尔对孩子们的学习情形,感到满意和骄傲。

"阿尔弗雷德,你对语言很感兴趣吗?那么你可以读各国有关科学的著作,这样将来要做一个伟大发明家就更不成问题了。"父亲这样建议道。

阿尔弗雷德喜欢阅览各种书籍,他虽然还没有正式入学,但在家里已经自己学到了很多方面的丰富的知识,尤其是有关科学研究的基本原理。也因此,他具备了很多一般同龄孩子所没有的知识。

阿尔弗雷德不仅阅读有关机械、物理、化学方面的书，他也喜爱文学，偶尔还能作诗自娱。

有时和哥哥们到爸爸的工厂去，阿尔弗雷德总是被那些转动中的机器深深地吸引住，但他却又发现了更有趣更好玩的东西，那就是要装入水雷里的火药。

资料链接

水雷的历史

水雷是最古老的水中兵器，它的故乡在中国。水雷最早是由中国人发明的。1558年明朝人唐顺之编纂的《武编》中，详细记载了一种"水底雷"的构造和布设方法，它用于打击当时侵扰中国沿海的倭寇。

水　雷

欧美直到18世纪才开始使用水雷。北美独立战争中，北美人民为攻击停泊在费城特拉瓦河口的英国军舰，于1778年1月7日，把火药和机械引信装在小啤酒桶里制成水雷，顺流漂下。当时虽然没有碰上军舰，但被英军水兵捞起时突然爆炸，炸死炸伤了一些人，史称"小桶战争"。水桶结构和引爆装置的完善及广泛应用，是从19世纪开始的。19世纪中期，俄国人亚图比发明了电解液触发锚雷。在1854～1856年的克里米亚战争中，沙皇俄国曾将这种触发锚雷应用于港湾防御战中。

西方最早出现水雷是在1769年的俄土战争期间，当时俄国工兵初次尝试使用漂雷，炸毁了土耳其通向杜那依的浮桥。此后，各型水雷不断地被研制和改进，并被广泛使用。在美国南北战争和1905年的日俄战争中，水雷战果颇佳。从此，各国更加重视水雷战，投入大量人力物力加紧研究和制造各种水雷。在第一次世界大战中，双方共布设各型水雷31万枚，共击沉水面舰艇148艘，潜艇54艘，商船586艘，总计122万吨。

当时的火药，无论是用于枪或用于水雷全都是黑色的。

军舰

阿尔弗雷德试着偷偷地带点火药回家，为了避免让爸爸发现而挨骂，他经常把火药粉放入纸袋中悄悄带走。

阿尔弗雷德用带回家的火药做烟火，他把火药放进纸筒里，然后竖立在草地上，点着火后，火药会"咻"的一声，在黑暗的夜晚中喷出美丽的火花。

他又模仿父亲的发明，尝试做起地雷来玩。他先把火药粉用纸包成圆团，再用较韧不易破的纸搓成长条，作为导火线。将导火线点燃后，他以很快的速度跑向远方，等纸团着火，火药就会发出烟火喷了起来。

"真没意思，这哪里像炸弹，一点都不好玩。嗯！我用空铁罐试试看，也许会更像爸爸的水雷。"他自言自语地说着，并把火药装入小空罐中封紧盖子，然后再点燃导火线。

"碰！"爆裂的罐子发出很大的声音，盖子飞了起来，大家都被这声巨响吓了一跳而跑出来观望。

阿尔弗雷德的调皮举动马上被父亲知道了，于是父亲严厉地禁止他再玩火药。

当阿尔弗雷德再到工厂时，员工们早已闻知此事，因此没有人肯让他再接近火药。

"不行，不行！不能玩这种危险的东西！"

管理员说着，就把他赶出来。

"哼！不给？那我就自己来制造火药。"

阿尔弗雷德拿起化学书，翻寻起火药的制造过程来。

"原来是把硝石、木炭和硫磺混合，难怪火药都是黑漆漆的。"

"木炭容易找到，硫磺也可从引火木条（一头沾有硫磺用来引火用的薄木片）上刮下来，但最重要的硝石要去哪里找呢？"

想了想，阿尔弗雷德高兴地去到工厂。他在药品室中找到装硝酸钾的瓶子，偷偷地把里面的白色粉末倒入小袋子中，拿回家后立刻关起房门开始做实验。

硝酸钾的粉末其实就是硝石，把它和炭粉混合再加上硫磺就成了黑色火药。阿尔弗雷德小心地把微量混合粉末放在盘子中点火。

"啾！"的一声，火药发出了白烟。

"真是不中用的东西，一点威力也没有！"

于是他又改变了火药配方的混合量，威力于是也随着增强。他兴奋地自言自语道："哈！终于成功了！"

阿尔弗雷德因此又开始玩烟火了，但这是一种非常危险的游戏。

最后虽然难免被父亲察觉而遭到禁止，但他从玩耍中发现了火药包扎的松紧与爆炸强力成正比的基本原理。

自从诺贝尔全家迁到圣彼得堡后，伊曼纽尔的事业蒸蒸日上，诺贝尔工厂也终于发展成为了具有一定影响的大工厂。

孩子们虽然没有上学，但靠着自修及家庭教师的指导也都获得了丰富的知识和应有的教育，这其中也有诺贝尔三兄弟天赋极高、求知欲又很强的原因。

后来罗伯特和路德维格结束了家庭的补习教育，到工厂正式去实习了。

到了父亲的工厂，罗伯特负责公司有关业务方面的工作，路

19世纪末的俄国兵工厂

德维格则负责工厂技术方面的事情。伊曼纽尔的工厂，已成为诺贝尔家族的事业。

正如父亲当初的预料，孩子们的表现都很杰出。

不知不觉阿尔弗雷德已经是一个17岁的青年，这是可以面对工作的年龄了。

"我想让阿尔弗雷德到工厂去工作。"父亲跟母亲商量说。

"是呀，都17岁了，不能老把他当小孩子看。"

"你想该叫他做什么事呢？"

"他虽然对文学方面兴趣很浓厚，但我想还是叫他学习技术方面比较好。"

"嗯，当技师是不错，但他最好是能成为研究发明方面的技师。"

父亲接着又说："罗伯特可以帮助我经营公司，路德维格则负责工厂生产制造方面的事务，所以我希望阿尔弗雷德能担任发明创造的工作，使工厂不断地有新产品上市。"

"这可不是一个简单的工作呀！"

"所以我打算让阿尔弗雷德到美国去留学，做更深一层的学习研究。"

"啊，到美国？"母亲很惊讶地问。

"是的，美国有一位从瑞典移民去的发明家埃里克森。"

"哦，不就是发明螺旋桨式轮船的那个人吗？"

"对，是他！我想让阿尔弗雷德去跟他学习发明研究。"

"好是很好，但是要让阿尔弗雷德自己一人远赴美国，我不放心。"

"不要紧，他已不是小孩了，疼爱自己的子女就应让他们经常出外，这样才不致孤陋寡闻。前一阵子埃里克森来信告诉我说他正在从事热空气引擎的研究工作，就让阿尔弗雷德去跟他一起研究吧！"

"什么是热空气引擎？"

"就是以高温空气来代替蒸汽机发动的引擎，将来必定会是用途很广的发动机。"

就这样，阿尔弗雷德在父母安排下，离开了温暖的家，到陌生的美国留学去了。

去美国留学

阿尔弗雷德所搭乘的轮船，在大西洋上不停地往西前进。这是一艘两旁装有水车的轮船。虽然，阿尔弗雷德即将投入以发明螺旋桨使船只航行平稳快捷而闻名的美国发明家埃里克森门下，但当时那种新船仍未被普遍采用，所以阿尔弗雷德乘坐的仍是旧式的船只，它正慢慢地在波浪的摇荡中航行。

阿尔弗雷德倚靠着甲板上的栏杆，望着起伏不定的海浪冥思着："正一步步接近的美国，究竟是什么模样？是一个朝气蓬勃的国家吗？它是拥有很大的城市还是一片广大的牧场？还是盛产石油和煤铁的大工业国呢？"

阿尔弗雷德在长途疲惫的航行中，仍不忘时时复习英文，加强语言能力，以便适应那即将到达的陌生国土。

对语言颇具天分的阿尔弗雷德，在俄国的时候，他的英文读写能力就已相当不错。为了精益求精，他仍不忘随身携带各类的英文读本，其中除了有关科学的书籍外，更不乏文学与诗歌方面的读物。

阿尔弗雷德在漫长的旅途中，最喜欢的是坐在甲板上，面向大海欣赏文学作品。他对雪莱的诗及其对事物的看法产生很大的兴趣。

雪莱将各种理想在自己的诗中表露无遗，他主张博爱、和平，对事物具有合理正确的看法。

年轻善感的阿尔弗雷德，深深地被雪莱的作品所吸引。雪莱的思想已经完全被他吸收、融合而成为自己的思想了。

阿尔弗雷德之所以能以合理的科学观点促进发明事业的扩展；以和平的手段、博爱的精神处世待人，都是受雪莱思想的影响。后来他捐出遗产设立诺贝尔奖，也可以说是雪莱思想的升华。

抵达美国后，阿尔弗雷德立刻带着父亲的介绍信去拜访埃里克森。

埃里克森对他的到来深表欢迎。阿尔弗雷德在此学习了许多有关各种机械的技术，并帮助埃里克森从事以火和高温产生的膨胀空气来代替蒸汽发动引擎的热空气研究工作。热空气引擎也就是如今的燃汽轮机，在当时并未被普遍使用。

阿尔弗雷德从这项研究中，得知物体燃烧发热使气体膨胀产生力量的原理，并学习到许多其他新的知识。

可是单独来到遥远国度的阿尔弗雷德，心中交织着复杂的情感，这使他对文学的兴趣胜于对机械的研究。

每当阿尔弗雷德感到孤单寂寞时，雪莱的诗便成了他的寄托，写诗也成了他业余时间的主要消遣。

一年很快过去了！阿尔弗雷德道别埃里克森，离开美国踏上归途。当他路过巴黎时，为了寻求更多的知识，他暂时停留在了法国。他的主要目的是在此学习化学和物理；另外还有一个想法，就是欣赏巴黎美丽的风景以激发他作诗的灵感。

阿尔弗雷德在圣彼得堡时已有相当的法语基础，对语言有着特殊兴趣的他，为使法语说得更为流利标准，于是进入了一家会话补习班。在此他结识了一位美丽的少女，由于彼此相爱，他们曾海誓山盟私订终身。

19世纪的巴黎

经过一段时间的补习，阿尔弗雷德此刻的法语程度已不亚于法国人，遗憾的是，他所深爱的少女不久就因病去世了。

这个突如其来的打击，使阿尔弗雷德再没有心情留在巴黎。他决心离开这个使他心碎难忘的地方，专心致力于将来的理想与事业，因此他很快回到了第二故乡——父母所在的圣彼得堡。

当时是1852年，阿尔弗雷德刚满19岁。

回到俄国

"阿尔弗雷德，你已经长大了！"母亲卡罗琳娜高兴地拥抱三儿子。

"是呀，转眼间你已离开两年了！"父亲伊曼纽尔也高兴地说道。

"你看来脸色不大好,哪里不舒服吗?"母亲关心地问道。

"没有呀,只是因为长途跋涉,有点疲倦而已。但看到爸爸妈妈依然康健,我就一点都不累了!"阿尔弗雷德很懂事地回答道。

"是呀,我们身体一向硬朗,工厂业务也相当景气。"父亲笑着说。

"咦,哥哥他们呢?"

"哦,大概就快回来了吧。我已经派人通知他们你回来了。现在工厂里的事都由他们俩负责,他们都能独当一面,而且都是相当不错的优秀技师。你大哥担任经理,二哥是厂长。"

"真是太好了,我该以他们为榜样,向他们看齐。"

"那当然,阿尔弗雷德,你这趟去美国回来已懂事多了。"母亲说道。

"对了,阿尔弗雷德,你学的是理化,希望你能将所学的理论,实际应用在我们工厂的产品上面。"

对父亲的话阿尔弗雷德似乎有所愧疚,他显得面有难色。

"我想你一定能愉快地胜任。我已决定把你安插在负责指导发明的部门工作了!"父亲满怀自信地说。

"我一定尽力,像哥哥们一样努力工作。"

这时罗伯特和路德维格回来了。

"大哥,二哥,我回来了。"

"阿尔弗雷德,欢迎你又回到这个家来,哇,你长高了不少!"

"怎样,美国如何?"路德维格问道。

"美国到处都是广大的平原,只要适当地开发建设,必定前途无量。"

"听说美国盛产石油?"

"是的,不仅有石油,铁、煤的产量都很丰富,可能很快就会成为世界工业大国了。"

这时父亲伊曼纽尔对老大、老二说:"对了,从今天起我任命阿尔弗雷德负责指导发明的工作,你们赞成吗?"

"那太好了,阿尔弗雷德一定能有良好的表现。"罗伯特说道。

"我还不敢确定,但我一定尽力就是。"阿尔弗雷德诚恳地说道。

母亲抚摸着出生于俄国、现已九岁的幼子艾米尔,欣慰地笑了。

阿尔弗雷德第二天就到工厂上班了。他先从见习生做起,除学习机械车床的操作和削铁的技能外,也要学习处理机械的故障。这些都是会让人搞得满身油污的粗重工作,可是阿尔弗雷德对实地的工厂见习却极感兴趣。

此外,他还跟着罗伯特学习办公室里的事情,例如将钢铁原料或机械的价格记下做成账目统计表,以及经营企划公司业务的要领等。

在学习期间,他仍不间断地阅读各种有关火药和机械制造方面的参考书,并从事工厂机械改良的设计和新产品的研究制造等工作。

阿尔弗雷德每天的工作相当繁重,往往在太阳下山后依然留在工厂实验室继续从事各种研究。

不久,漫长的冬季已经接近尾声,4月的复活节即将来临,春天的气息已悄悄地布满了圣彼得堡。

但是阿尔弗雷德的食欲却显著地下降。

"阿尔弗雷德,热心工作固然很好,但千万不能忽略了适度的休息呀!"母亲看到这种情景担心地说。

"不要紧的,妈妈,不要紧的。"

阿尔弗雷德强打精神笑着回答。

"我还年轻,身体很健康,一点也不觉得累。"

"可是你最近瘦了不少。"

"没这回事,是您自己猜想的,您看我这不是好好的么?"

阿尔弗雷德仍然和往日一样每天辛勤地工作。

"阿尔弗雷德，你脸色不太好，是不是生病了？"父亲有一天也担忧地问。这一问，阿尔弗雷德似乎也感觉到身体疲劳不适。

"我有点感冒，不过，很快就会好的。"

阿尔弗雷德真的生病了。他不断地发高烧，医生细心地诊断后说："呼吸系统有一点毛病，可能是过度劳累所引起，虽不太严重，但最好能找个地方好好休养一下。"

"找什么样的地方呢？"伊曼纽尔问道。

"到温暖的地区去比较好。"

于是家人决定让阿尔弗雷德到南方较温暖的乡下去静养。

但此时的阿尔弗雷德最想去的是德国而不是南方，他希望能趁这个机会学习德语。尤其他认为德国有最好的化学技术，因此他就来到靠近阿尔卑斯山的一个德国温泉村埃格养病。

埃格是一个空气新鲜风景秀美的温泉村。每日纵观群山，泡在温暖的泉水中，呼吸着新鲜的空气，这种生活使阿尔弗雷德很快就恢复了健康。

同时阿尔弗雷德的德语也有了飞快的进步，可以同德国人一样，说写都很流利。他于是便利用机会到柏林去购买大量的化学参考书来学习。这些化学书籍使他回忆起小时候玩火药的情景，他于是又迫切地希望能早日回到圣彼得堡，去从事各种他心里早就想好的化学实验。

等身体刚一康复，他就迫不及待地立刻启程回到圣彼得堡。

这时，俄国正酝酿着克里米亚战争的危机。

研究炸药

父母亲看到归来的阿尔弗雷德的身体已完全康复,心中非常高兴。

"阿尔弗雷德,看上去你身体已痊愈,不要紧了。"

"爸爸,我已经能独立作业,支撑全局了。今后我会全力进行发明方面的研究。"

"嗯,很好,你想做哪一种研究呢?"父亲满意地问道。

"我想研制一种强力火药。"

"可是阿尔弗雷德,战争可能很快就会爆发。一大堆的水雷订单使工厂应接不暇,正需要你帮忙呢!"

"哦,水雷能在战争中派上用场吗?"

"当然,俄国有强大的陆军,但海军却经不起英、法轻轻地一击,所以要在各大军港和敌军可能登陆的海岸布置水雷,加强海军防卫力量,以阻止敌舰或运输船的侵入。"父亲很得意地侃侃而谈。

阿尔弗雷德却不以为然地说:"爸爸,黑色火药可能只对于那些木制船管用,但对于钢铁制造的坚固舰船,恐怕无济于事了!"

"那怎么会?我已试验过了。"父亲心里有点不高兴。

"哦,真能如此,那就很好,可是我仍想发明威力更强大的火药。"

克里米亚战争终于在1854年3月间爆发,俄国与土耳其、英国、法国的联军正式开战。

诺贝尔工厂因克里米亚战争而异常忙碌,水雷的需要量急剧上升。

"我们恐怕将要大忙一阵了。"因为战争,工厂制造军火的数量已无法供应购买者的需要,大批的订单使父亲格外振奋。

俄国的海军当时非常脆弱,显然根本无法战胜强大的英法联军。

俄军在芬兰湾,靠近圣彼得堡西边的要塞喀朗斯塔德和克里米亚半岛西南部的重要海港塞瓦斯托波尔加强军事防卫,以应付英法联军的袭击。

诺贝尔工厂生产的水雷,在实战中是否能发挥强大的防御能力仍是一个未知数,但不管怎么样,在喀朗斯塔德军港的入口处,已密布了一重重的水雷阵。

英法联军的舰队,正如俄军所料,企图占领喀朗斯塔德军港,再直入

英军在克里米亚半岛的营地

圣彼得堡。如今,他们的舰队已到达芬兰湾。不巧的是,有一艘俄国汽船竟误触自己铺设的水雷而沉没。看到这种情形的英法联军,立刻察觉到在喀朗斯塔德军港的周围海面上应该浮着许多固定的水雷,因此他们放弃了攻打喀朗斯塔德军港的计划。这足以证明,伊曼纽尔工厂生产的水雷确实相当地成功。

英法联军放弃了对北方芬兰湾的攻击后,把全力集中到克里米亚半岛上,这样一来,反使俄国吃了败仗。

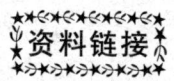资料链接

克里米亚战争

克里米亚战争是1853～1856年间在欧洲爆发的一场战争,作战的一方是俄罗斯,另一方是土耳其、法国、英国,后来萨丁尼亚—皮埃蒙特也加入了这一方。一开始它被称为第七次俄土战争,但因为其最长和最重要的战役是在克里米亚半岛上爆发的,后来被称为克里米亚战争。

这场战争的表面起因是宗教问题。俄罗斯向土耳其奥斯曼帝国提出为保护奥斯曼帝国境内的东正教徒在"圣地"建立俄罗斯的保护地

的要求,这个要求被君士坦丁堡的苏丹拒绝。法国的天主教徒和英国的新教徒也反对俄罗斯在巴勒斯坦建立据点的企图。俄罗斯在受到苏丹拒绝后决定以此作为采取军事行动的理由。1853年俄罗斯与奥斯曼帝国断交并开始占领多瑙河流域的土耳其附属国。

克里米亚战争中,英国第十七轻骑兵联队的一次冒死冲锋

战争的真正原因是土耳其奥斯曼帝国逐渐地、内部地瓦解,俄罗斯认为这是它将在欧洲的势力不断扩大的好机会,尤其是获得一个通向地中海和占领巴尔干半岛的好机会。奥斯曼帝国在巴尔干半岛上的统治此时显然摇摇欲坠,而俄罗斯则争取获得对恰纳卡莱海峡和伊斯坦布尔海峡的控制。英国和法国反对俄罗斯的扩张,它们不希望俄罗斯获得这些战略要地,以维持它们自己在东南欧的势力和利益。

1854年底英国和法国对俄罗斯宣战,1855年萨丁尼亚—皮埃蒙特加入这个同盟。奥地利迫使俄罗斯从多瑙河撤军,但并没有帮助英法围攻克里米亚上的塞瓦斯托波尔要塞的舰队。因此奥地利在这场战争中起了一个重要的作用,虽然它并没有主动参加这场战争。塞瓦斯托波尔被围攻近一年后英法联军占领了这个重要的堡垒,此后俄军退出克里米亚半岛。

克里米亚战争是世界史中的第一次现代化战争。今天大多数人已经将这场战争遗忘了，但它从军事上和政治上改变了欧洲列强之间的地位和关系。

在克里米亚战争中铁甲船和现代的爆炸性的炮弹第一次被使用。它也是历史上第一次壕沟战和静止战。电报首次在战争中被使用，火车首次被用来运送补给和增援。

当诺贝尔工厂生产的水雷功效被证实后，有两位化学专家专程到工厂来访问。他们就是在俄国学术界曾留下许多业绩的希宁博士和特拉浦博士。

"我有一件非常机密的问题想与伊曼纽尔先生商量。"希宁博士说道。

"是有关强力火药的应用问题。"

"我的儿子阿尔弗雷德，对这方面比较有研究，我想你们可以和他谈谈。"为了使阿尔弗雷德增长些见识，同时也为了锻炼他，父亲这样回答道。

"既是您的公子，那我们就放心了，因为这是高度机密。"

阿尔弗雷德被唤到两位专家的面前。

"这次的战争，对俄国而言实在是相当艰苦，为了使俄国早日获胜从而结束战争，我们想制造威力强大的炸药，请问可否与贵工厂共同研究？"

"当然可以，不过，你们来得太突然，事先没有周密地计划，现在毫无头绪呀！"

"这点你不用急，我这里有强烈的液体爆炸物，但它的威力无法确定，是否有实用价值也还没有把握。"希宁博士说着，拿出一个瓶子来。

"就是瓶子里的液体……"

"啊，硝化甘油！"不等希宁博士说完，阿尔弗雷德便脱口而出。"我从书上知道这是1847年意大利科学家沙布利洛发明的，今天我才头一次看见这种液体。"

"我们就是想利用它来做研究。"希宁博士对阿尔弗雷德说。

"我也曾想过这种液体可能会增强水雷的威力。"

"是的,但这项工作非常困难,沙布利洛虽利用甘油、硝酸和硫酸制造出这种比黑色火药威力大好几倍的爆炸物,但它有时会失去效用,仅仅燃烧却不爆炸。"

希宁博士说着将瓶中的液体滴了一滴在铁板上,然后将它点燃,可经过燃烧后只是产生火焰而没有爆炸。

他又滴了一滴,这次是用铁锤来敲打,于是硝化甘油发出了迸裂的爆炸声。

"它爆炸力的强烈度可由沙布利洛因为试管中的硝化甘油突然爆炸而受伤的这件事予以证明,但它的威力总是叫人捉摸不定,效果很难预料。"

"是否因为它是液体的关系呢?"阿尔弗雷德问。

"或许吧!沙布利洛自从实验室被突然爆炸的硝化甘油炸毁后,已停止对硝化甘油的研究工作了。"

"这的确有点令人困惑!"伊曼纽尔在一旁侧着脑袋默默思考。

"希宁先生,这件事就交给我们办好了。"阿尔弗雷德显得极有自信,一副充满希望且热切的样子。

"好吧,就请你试试看,我相信你能做得很好。"

"好的,我一定尽力而为。"阿尔弗雷德充满信心地说道。

"那我就把这瓶硝化甘油留给你,但你要特别小心,一定注意安全啊!"

"我会的,谢谢您的关心!"

当时的阿尔弗雷德根本不知道这件事在后来会引起全世界的重视,从而给他带来辉煌无比的人生。

阿尔弗雷德和父亲于是开始细心地研究起这种不太实用的液体炸药的制造和使用方法。

硝化甘油是一种性能不容易控制的化合物,更由于它呈液体状态,所以只要稍微处理不当,就会发生可怕的爆炸。

更主要的是，它的危险性在于根本无法预料它会以何种形态发生爆炸。有时点上火，它只是燃烧而已；有时却一部分爆炸。而且在制造过程中，意外爆炸更是屡见不鲜。发明人沙布利洛之所以舍弃使用这种火药，并停止研究的原因也就在此。

阿尔弗雷德虽然立刻着手从事这项研究，但进展却比想象中的还要慢。

由于诺贝尔工厂必须致力于生产各种机器，阿尔弗雷德和他父亲平时都很忙，几乎没有余暇做这项额外的研究。

"真伤脑筋！根本没有多余的时间来研究硝化甘油。"有一天父亲对阿尔弗雷德说道。

"是呀，爸爸，我想这项研究工作就等战争结束后再说吧。"

"也对！那时估计就不会有太多订购水雷的客户了。"

就这样，父子俩研究硝化甘油的工作被暂时搁置到了一旁。

英法联军攻占塞瓦斯托波尔

在这期间，克里米亚战争进行得越来越激烈。

联军以数十万大军，海陆并进，把克里米亚的塞瓦斯托波尔要塞层层包围；俄军则顽强抵抗，使联军无法越雷池一步。

由于俄国天气酷寒，再加上热病流行，因水土不服而未战先败的联军士兵不计其数，单单英军受伤与生病的士兵就有15000人之多。

在这场战争中，英国的女护士南丁格尔跨山越海直赴战场。她不分敌我，殷勤地照料双方的伤兵，因而获得"克里米亚天使"的称号。战争进行到第二年，俄军的败迹已经很明显了。正当此时，俄国沙皇尼古拉一世又不幸病逝。

一般人认为无法攻陷的塞瓦斯托波尔军港，终于在1855年沦陷，新即位的亚历山大二世向联军投降。

资料链接

尼古拉一世

尼古拉一世·巴甫洛维奇（1796～1855），1825～1855年在位，是沙俄皇帝，巴维尔一世第三子。长兄亚历山大一世死后无男嗣，次兄康斯坦丁大公放弃皇位继承权，因此他被立为俄国皇帝。

1825年，具有自由主义思想的贵族军官发动十二月党人起义，尼古拉对其采取严厉镇压措施。此后他加强对自由思想和革命运动的镇压，设立了秘密警察第三厅。后又镇压波兰1830年的起义。

沙皇尼古拉一世

虽然尼古拉一世知道有必要对落后的农奴制度实施改革，但却把改革限制在不与贵族利益发生冲突的范围内。实施了币制改革、法典编纂事业和国有农奴管理方式的改革。对外继续推行神圣同盟的宗旨,和梅特涅合作,镇压欧洲自由主义、民族主义运动。1849年镇压匈牙利民族运动。为扩大在黑海和高加索的统治权而与英、法、土耳其发生冲突爆发克里米亚战争。于行将战败时突然去世,也有服毒自杀的传言。

尼古拉一世娶普鲁士的弗雷德里卡·路易莎·夏洛特·威廉明娜公主(亚历山德拉·费奥多萝芙娜),生有7个子女:亚历山大二世,玛利亚女大公,奥尔加女大公,亚历山德拉女大公,康斯坦丁大公,尼古拉大公,米哈伊尔大公。

南丁格尔

弗洛伦斯·南丁格尔(1820~1910),生于意大利名城佛罗伦萨,后随父母迁居英国。曾就读于法国巴黎大学,懂英、法、意、德诸国语言。

南丁格尔

南丁格尔的家庭非常富有,她的父母希望她发展文学、音乐才能,跻身上流社会,早结良缘,继承家业,但她对此兴致淡薄。她怀有一个崇高的理想,认为生活的真谛在于为人类作出一些有益的事情。做一个好护士,是她生平的唯一夙愿。

1844年,南丁格尔从英国出发,到法国、德国、比利时、意大利等欧洲国家旅行,同时对各国的医院进行考察。1850年曾到德国的一所女护士学校,接受短期的医护训练。1853年受聘担任伦敦患病妇女护理会的监督。

1854年爆发了克里米亚战争,为争夺巴尔干半岛的控制权,土耳其、英国、法国、萨丁尼亚—皮埃蒙特先后向沙俄宣战。当时英国的战地医院管理不善,条件极差,又没有护士护理伤病员,士兵死亡率高达50%以上。南丁格尔主动提出申请志愿前往战地担任看护工作。在英国政府的邀请下,她率领38名护士抵达前线,在4所战地医院服务。当时前线用品匮乏,水源不足,卫生状况极差,医生还怀有敌意。但她毫不气馁,竭力排除种种困难,为伤病员解决必须用物和食品,组织士兵家属协同工作,从而使战地医院的状况在半年左右的时间里明显改善,伤病员的死亡率降到2.2%。她的功绩得到了公认。

南丁格尔慈祥可亲,以高度的责任感,夜以继日地悉心照料伤病员。每晚,当她手提油灯巡视伤病员时,身影所到之处,士兵们都亲吻她的身影来表示对她的崇高敬意,并称呼她为"提灯女士"。

1856年,南丁格尔任陆军医院妇女护理部总监。战后回国,被尊为民族英雄。但她谦恭礼让,自束很严,谢绝了官方提供的交通工具和一切招待盛会,决心为改善军队的卫生条件继续努力。1857年,她促成皇家陆军卫生委员会的建立,同年还开办了陆军军医学校。

1860年,南丁格尔用英国政府奖励的4400英镑,在英国圣托马斯医院内创建了世界上第一所正规护士学校——南丁格尔护士学校。随后又创办了助产士及济贫院护士的培训工作。她对医院管理、军队卫生保健、护士教育培训等方面,都做出了卓越的贡献,被后世誉为现代护理教育的奠基人。

1901年,南丁格尔因操劳过度,双目失明。1907年,英国国王颁发嘉奖令,授予南丁格尔一枚功绩勋章,使她成为英国历史上第一个接受这一最高荣誉的妇女。她逝世后,遵照她的遗嘱,未举行国葬。但世人为了表示对她的敬仰,把她的生日5月12日定为国际护士节。

亚历山大二世

亚历山大二世·尼古拉耶维奇,(1818年4月17日~1881年3月13日),1855~1881年在位,是沙俄皇帝,尼古拉一世的长子。

1814年,当亚历山大一世率领大军威风凛凛奔驰在法兰西大地上时,作为打败拿破仑主力的沙皇俄国,其荣耀也达到了高峰。此后40年中,俄国以"神圣同盟"骨干的身份,扮演"欧洲宪兵"的角色,包括出兵镇压了本来与己无关的匈牙利革命。

但1853~1856年的克里米亚战争使沙俄从荣耀的顶端跌落到了耻辱的谷底,本来想从多年的手下败将土耳其身上再咬下一块肥肉,没想到横遭英、法两国的干涉。在这场战争中,沙俄的落后和腐败暴露无遗，从枪到船到路，都和英法差了一大截。据沙皇尼古拉一世在作战连连败北的情况下精神崩溃服毒自杀。重振这个古老大帝国的重任落在了他的儿子——亚历山大二世身上。

亚历山大二世从小就接受了作为一个皇位继承人的培养。在他那主张实行较宽松的君主制的老师茹科夫斯基的影响下，也能接受一些民主思想。他年轻时周游欧洲各国，开阔了眼界，也更能反思俄国的现实。

沙皇亚历山大二世

亚历山大二世明白落后的农奴制已经成为俄国落后的根源。当时俄国 90% 的人口是农奴，被完全束缚在土地上，生产效率十分低下，而且也严重妨碍了以自由雇佣劳动为基础的资本主义的发展。但数百年来农奴制与沙皇俄国的统治基础紧密结合，以至于历代多少高瞻远瞩的雄主，包括彼得一世和叶卡捷琳娜二世都不敢去打开这个潘多拉的盒子。可是，历史已经将责任无可推卸地放到了亚历山大二世面前。克里米亚战争之后，俄国农奴反抗运动一年比一年高涨。每迟一天改革，问题就更严重一步。

实际上，亚历山大二世从继位那天起就已经决心实行改革。1857 年，他成立了"农民事务总委员会"，开始筹备改革。1861 年 3 月，沙皇终于下诏进行改革。改革的核心有两点：一是宣布废除农奴制，农奴全部获得人身自由，包括迁徙、婚姻、改变职业、拥有财产、订立契约等；二是规定全部土地为地主所有，农民按照规定赎买一小块土地，赎金数额为土地实际价格的 2～3 倍，农民支付一部分，其余由政府以有偿债券的方式代付，农民必须在 49 年内还清本息。改革还有其他一些方面，如：将获得自由的农民组织到公社中，公社的公职人员由农民选举产生，但必须服从地方行政机构的管理。

改革最深远的影响是促进了资本主义的发展，大批取得了自由身份但缺少土地的农民涌进城市做工。上层建筑为了适应经济基础的改变，也做了一些改革，如设立地方自治机构和城市自治局，司法上引进陪审制度，给予大学广泛的自治权等。1874年开始军事改革。

但是，亚历山大二世统治后期思想越来越保守，俄国离真正的宪政还很遥远。

在亚历山大二世时代，由于克里米亚战争的失败，俄国一度被挡在欧洲大门之外，转而将它的侵略野心投向东方。沙俄利用中国清政府受困于第二次鸦片战争的时机，使用诱骗加武力威胁的方式，先后通过《中俄瑷珲条约》和《中俄北京条约》，割占了中国东北大片领土。19世纪60～70年代，俄国先后征服了中亚的浩罕、布哈拉、希瓦汗三国，基本确立了对中亚的统治。普法战争之后，使俄国在欧洲又开始活跃起来，1873年与普、奥组成了"三国同盟"。

亚历山大二世对历史的影响，主要是通过1861年改革，终于突破了阻碍俄国发展的最大瓶颈，使俄国在19世纪后期资本主义的发展明显加速。历史是最公正的裁判，亚历山大二世的改革尽管不彻底，但终被证明是推动历史进步的。

亚历山大二世创立了国家杜马制度，这一制度直到今天在俄罗斯仍然存在。

战败的俄国，在政体改变之后便不再向诺贝尔工厂订购机械。在战争中一再扩大的工厂设备已经失去了利用价值。

诺贝尔一家人十分烦恼，于是召开了家庭会议。

"这下完了，不再有订单，工厂无法再继续经营下去，看样子，我们得暂时停工。"大哥罗伯特说。

一度繁荣忙碌的诺贝尔工厂终于在无可奈何下被迫停工。

移民到俄国二十几年来，对俄国机械工业贡献颇大的伊曼纽尔，不得不再回到家乡瑞典去。

"这是不得已的事，工厂结束营业后，我留在这里已经没有多大益处，我想回到故乡去，你们有什么打算？"伊曼纽尔征询儿子们的意见。

"我们想留在俄国，找份新的工作，其他的事慢慢再说吧。"诺贝尔三兄弟一致表示留下来的意愿。

"我还是想留在这里继续研究硝化甘油。"阿尔弗雷德说。

于是,父亲伊曼纽尔就带着妻子和小儿子回到了祖国瑞典。

他们在以前居住的斯德哥尔摩的海德堡租了一栋房子住了下来。

诺贝尔一家的境遇又一次改变。此时是1859年,阿尔弗雷德26岁。

发明新炸药

生命，那是自然赐给人类去雕琢的宝石。

——诺贝尔

发明雷管

父亲回到瑞典之后,诺贝尔三兄弟仍然留在圣彼得堡。他们三兄弟仍在原先的工厂里工作。所不同的是,他们由老板成为受雇的员工。工厂的新老板由于不懂得工厂的企划经营,所以任命老二路德维格为工厂营业负责人。

罗伯特负责各种机械的设计工作,阿尔弗雷德则一面做机械操作工作,一面不断地思考着硝化甘油的各种实验。

从这时候起,阿尔弗雷德的发明能力开始充分发挥,他利用他那优于常人的才能改良了晴雨计、水量计等,并取得了专利。

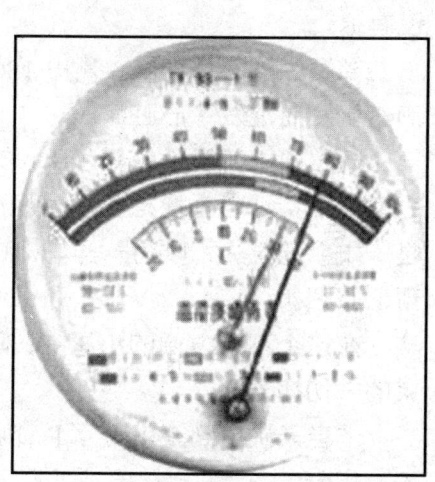

晴雨计

不料,刚进入10月不久,阿尔弗雷德的身体就随着季节的转变而越来越虚弱。他虽然茶饭不思,但每天仍然照常上班,身体一直处于劳累疲惫的状况下。

他总是勉强自己去工作,不愿休息;每当吃饭时,总不见他的人影。若到房间去找，往往看到他的手握着试管疲倦地趴在桌上的情景。

"阿尔弗雷德，你自己要多保重呀！"看到弟弟这般模样，哥哥罗伯特心痛地说道。

但是，一切都晚了！阿尔弗雷德从此一直卧病在床，无法去工作。

有一天，罗伯特比平常回来得晚，当他穿过院子的树丛时，发现院中那栋独立的屋子里没有灯光。

"奇怪！"一个不祥的预感出现在他脑海中。

他把门打开，里面是一片黑暗。

"阿尔弗雷德！"罗伯特摸黑叫着，但无人回答。

在柴火即将燃尽的壁炉前，他隐约看见有一个人躺在地上，那正是阿尔弗雷德。

"振作点！"罗伯特跑过去，用手去摸弟弟的额头，这才发现阿尔弗雷德正在发高烧。接连几天，阿尔弗雷德的高烧始终没有退。

经医生诊断后证实，是由于疲劳过度引起急性胸膜炎，外加旧疾复发而迸发了心脏病。

阿尔弗雷德虽然恢复了意识，但病情却更加恶化。

罗伯特全心全意地照顾着阿尔弗雷德。最令罗伯特懊恼的是，如今竟无法和以前一样马上送他入院治疗或立刻请医护人员帮忙照顾。

在这个不太方便的小屋中，阿尔弗雷德不得不忍受着疾病带来的一切痛苦。

"春天快点到来就好了！"阿尔弗雷德躺在床上望着窗外的天空想着。

但北国的冬天似乎特别漫长难挨，外界的一切景物，诸如屋顶、树木都被白雪所覆盖，大地呈现一片凄凉的惨白。

偶尔能听到外面小孩们快乐的歌声，想必是圣诞节快要来临了吧！但在阿尔弗雷德的房中，却一点也嗅不到圣诞或新年的气息。

北国的冬天与阿尔弗雷德盼望春天的心情恰恰相反，冬天的脚步，似乎愈来愈深，外面结冻的大地上，偶尔传来一阵阵雪橇滑动的声音。

时间好像在拖拉不前地漫步着，但那迟缓的脚步终于走完了1月，迈向2月。

"哥哥，我好多了。"

"嗯，发烧已经退了，脸色也好看多了。"

"我已经不要紧了，哥哥，你去上班吧。"

"嗯，好的！"

事实上，罗伯特也不能一直陪伴、照顾这个生病的弟弟，所以他又恢复了从前的生活，每天到工厂去工作。

侧身靠在枕头上，阿尔弗雷德听见哥哥的脚步声渐渐远去。他每天都以这种方式送走要到工厂去的大哥。

每当睡醒一觉，他就感觉到胸部的疼痛缓和了许多。阿尔弗雷德的病已进入复原期。

"春天快到了，这真是一个又长又冷、阴寒的冬季。"罗伯特一面打开窗户，一面说着。

冰雪溶化成水滴从屋檐上一滴滴地落下来，春的使者似乎正忙着传达信息，被坚硬冰雪封锁的大地，也渐渐在复苏。

"啊，真舒服。"阿尔弗雷德躺在床上伸伸懒腰。

半年多卧床不起的日子，因春天的来临而告一段落。

有一天，好像知道了阿尔弗雷德的病情痊愈，父亲伊曼纽尔从瑞典寄来了一封信："我最近开始为希宁博士所说的硝化甘油做研究，阿尔弗雷德你的进展如何？这事情比想象的还要难，但我一定会设法找出硝化甘油正确的使用方法。"

阿尔弗雷德心中想："是呀，我得再做做看，绝不可以输给爸爸。"

他决定立即动手开始研究。阿尔弗雷德于是再度开始寻找、搜集有关硝化甘油的性质和制造的一切资料。

发明硝化甘油的沙布利洛出生于 1821 年，他是在意大利的色林大学药品室中从事这项研究的。

他 28 岁在法国留学时，受到贝鲁斯教授的指导，进行着以硝酸混合其他物品，观察其所能产生作用的研究工作。

大部分的物质受到硝酸作用时，都具有爆炸的特性。当沙布利洛把甘油、硝酸、硫酸互相混合时，他发现这是一种能产生强烈爆炸力的液体，因之他将此液体命名为硝化甘油。

意大利发明家沙布利洛

阿尔弗雷德细心地研读着沙布利洛所发表的研究报告，用来作为自己实验的根据。

"把没有混合水的甘油和浓硫酸、浓硝酸按比例混合，再将此液体一滴一滴慢慢地滴下……"

阿尔弗雷德在烧杯里放入硝酸、硫酸和甘油的混合体。

"温度上升就会发生危险，要先冷却到零度后再加以混合。"

然后把混合好的液体倒入水中，这时烧杯底部会有像油一般厚重的液体沉着，这就是硝化甘油。

阿尔弗雷德现在已能自制硝化甘油了。由于这是极易爆炸的东西，所以必须要特别小心。

阿尔弗雷德又很细心地读着沙布利洛的报告资料——

把一滴硝化甘油滴在白金板上加热，会产生火焰而燃烧，有时甚至会引起爆炸。有一次虽然仅仅是一滴的爆炸，却使玻璃碎片打伤了我的手和脸，造成重伤。

现在阿尔弗雷德看完这段资料，心中为之一震。

"置一滴硝化甘油于弧形玻璃盘上，再插入烧红的白金线也会产生爆炸。"

阿尔弗雷德似乎已经能了解硝化甘油爆炸的原因了。

"硝化甘油用铁锤敲打时也会爆炸，这和以前希宁博士所做的一样。"

阿尔弗雷德心想："硝化甘油既然有这么强烈的爆炸力，那么不仅可以用在水雷上，也可用于挖隧道、开马路。对了，在岩石上钻孔，再把硝化甘油灌入洞中引爆，必能使岩石破碎。"

问题是如何引爆？当然不能直接点火，那太危险！用锤子来砸？那就更不用说了。

"嗯，这没问题，只要做一条含有黑色火药的线蕊作为导火线，使它由远处慢慢燃烧，人再躲到安全的地方就可以了。"

阿尔弗雷德开始动手实验，他将做好的一根很长的黑色火药线一端插入装有硝化甘油的小容器中，再从远处的另一端点火。

奇怪的是硝化甘油并没有爆炸，虽然着了火，但是只有着火的部分使其余的硝化甘油喷出来，产生的零落火星也很快就熄灭了。

他再用绳子吊起重铁块，使它击落在放有硝化甘油的盘子上，结果仍然无法爆炸。

一连串的疑问使阿尔弗雷德再度拿起过去的实验纪录卡，不断地沉思着。

"把硝化甘油置于盘中，再由底部加热，能产生爆炸。"

"对了，希宁博士曾以铁锤敲击地板上的一滴硝化甘油……我知道了，必须让全部的硝化甘油同时加热或同时受到锤击才会引起爆炸！"

若要使一滴或少量的硝化甘油同时受热或受到锤击，固然容易；但在爆破岩石时，想使岩洞中的硝化甘油一次过全部受锤击或同时受热，又谈何容易？

阿尔弗雷德苦思不得，于是把自己研究的结果写信告诉父亲："爸爸，您的硝化甘油研究工作已有相当的成效，我也正想奋起直追，但却没有得到良好的爆炸效果。若爸爸有新的发现和进一步的见解，请来信告知。"

父亲很快就回信说："我已想到使硝化甘油安全爆炸的方法了，你试着把硝化甘油渗透到黑色火药里，如此一定可使爆炸安全而且稳定。"

阿尔弗雷德觉得父亲的想法很有道理。

"两物加以混合后，当黑色火药爆炸产生热量时，就可使渗透在其中的硝化甘油同时受热。"

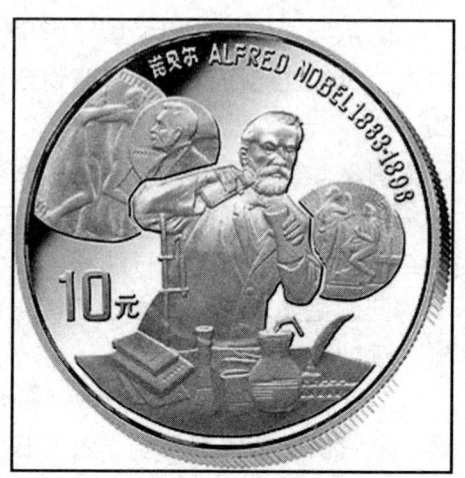

刻有诺贝尔像的银币

于是阿尔弗雷德满怀希望地着手实验，但仍然没有效果。

"奇怪，为什么不能引发爆炸呢？"

阿尔弗雷德在百思不解中忽然回忆起小时玩火药的情景："那时把火药装入铁罐中，紧紧封闭后点火，曾引起强烈的爆炸。看来硝化甘油和黑色火药的原理应当是相同的。"

于是他把硝化甘油装在小玻璃管中放入铁罐里，再在四周的空隙中填满黑色火药，然后用导火线点火。

"轰"的一声巨响，硝化甘油终于爆炸了！

"哈，好极了。这样一来，硝化甘油就可以有效地使用了。"阿尔弗雷德鼓掌叫好，内心高兴极了。

"嘿，我要让哥哥们大吃一惊，我要吓唬吓唬他们。"

他就以同样的方法来装置硝化甘油，并做成点火后可抛出的弹丸状。

"哥哥，今天我有一件很有趣的东西要给你们看，快跟我到河边去。"等哥哥们下班回到家里，阿尔弗雷德对他们说道。

"你到底在玩什么把戏？"

"很新鲜的玩意儿，我想你们一定会喜欢而且会很惊奇的，快来呀。"

罗伯特和路德维格看见阿尔弗雷德如此兴奋，就好奇地跟着他来到河边。到了河边，阿尔弗雷德将导火线用火点燃，哥哥们目不转睛地看着他用力把装有硝化甘油的铁罐向河的远方投去，火药拖着一条很长的烟雾在向河里掉落，随即响起一阵极大的迸裂声，水面上升起一根壮丽的水柱。

"哇！真可怕，这是什么炸弹？"

"这就是硝化甘油呀！"

"真的？你终于控制了硝化甘油不稳定的爆炸性？你的研究成功了！恭喜你！"大哥兴奋地说道。

"嗨，你看，鱼都浮起来了，这炸药还可以用来捕鱼呢！"

"哈哈，真有趣。"二哥也高兴地说道。

现在，阿尔弗雷德似乎已成功地使硝化甘油爆炸了。

但这种形态的硝化甘油炸弹仍不太实用，所以阿尔弗雷德又继续努力研究更方便、更实用的制造方法。

首先，他把塞满黑色火药的小管插入装有硝化甘油的容器中，再以导火线点火，但这样并不能使硝化甘油完全爆炸。

经过多次试验的结果，他终于制成了栓紧密封的黑色火药管，再将这种火药管置放于硝化甘油之中，借着管子的爆炸来引发硝化甘油更强烈的完全爆炸。

这次做得很成功，只要用这种装有黑火药的密封小管，不管装有多少硝化甘油，都能产生完全爆炸的效果。

这种能使火药完全爆发的小管，便是阿尔弗雷德的发明物中著名的"雷管"。

雷管的发明，不仅适用于硝化甘油的爆破，对其他各种爆炸性物质也都能引发完全的爆炸。这也是诺贝尔最重要的发明项目之一。

阿尔弗雷德虽然能以雷管对硝化甘油的爆炸性做有效地控

制,但仍没有达到十分理想的实用地步。

"不知道有没有比黑色火药更强烈的引爆物?"

阿尔弗雷德又开始逐一分析各种化合物的特性,他终于发现了属于水银化合物的雷汞。只要以极少量的雷汞装入管中,就足以引发硝化甘油的爆炸。

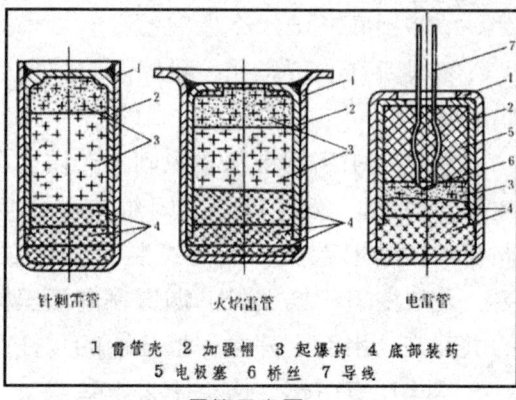

1 雷管壳 2 加强帽 3 起爆药 4 底部装药
5 电极塞 6 桥丝 7 导线

雷管示意图

★知识链接★

雷 汞

雷汞又称雷酸汞,化学式 $Hg(CNO)_2$。纯的雷汞是白色晶体,但大部分情况下呈棕黄色。它溶于热水、乙醇和氨水,在干燥时受轻微摩擦、撞击或加热就会爆燃;另外应避免让雷汞接触到铝、锰、锌、铜等金属。

雷汞是枪械上第一种拿来做专门引药的物质,在 19 世纪中使用在雷帽撞击式枪支上。因为性质不稳定,后来被其他化学物质取代。

粗雷汞的制造是在厚壁圆底玻璃瓶中进行的。将加热至 50℃ 的乙醇倒入反应瓶中,并将长颈瓶中的硝酸汞也小心地倒进去。瓶中的反应进行得很剧烈同时放出热,因此,瓶中物质的温度在反应过程终结时达到 85℃,并且有红棕色有毒可燃气体生成;整个反应过程要持续两小时。雷汞成重沉淀物析出,瓶中温度降低即表示反应已结束。硝酸汞溶液和乙醇相互作用非常复杂,同时发生一系列的副反应。

制得的粗雷汞要用过滤法与母液分开,为此需将反应瓶内的容物倒入真空过滤器内或小心地用滤纸过滤出雷酸汞晶体。倒的工序是危险的，因此将瓶倒放在有导管的接受器上，而剩在反应瓶内的粗雷汞以喷射的冷水洗涤。在真空过滤器上的雷汞也需用水洗一次或用蒸馏水洗涤晶体数次，直到用蓝色石蕊试纸测不出酸性为止。为了彻底洗去雷汞中残余的母液，包括对雷汞的安定性和制品的金属零件有害的各种杂质和酸，将雷汞和真空过滤器一起移入洗涤装置上，洗涤40～60分钟，水流要在不大的压力下从下方流过雷汞层。

将洗过的雷汞收集于玻璃罐中，注满水保存。使用雷汞制造药剂和装填信管时，须首先用真空过滤器从雷汞中滤出水分，然后在温度为50℃，真空度为50厘米汞柱高，以热水加热的真空干燥器中进行干燥。

如今硝化甘油已经大量应用在开矿和公路工程上，这是因为诺贝尔雷管的出现使硝化甘油能发挥强大的爆炸力。然而雷管的贡献不止于此，它使棉火药、三硝基苯醇[$C_6H_2(NO_2)_3 \cdot OH$ 又称苦味酸]及各种具有爆炸性的化合物都能成为强力的火药。

诺贝尔发明的雷管，在火药历史上可说是从黑色火药出现以来的一项举世瞩目的伟大成就。

工厂大爆炸

由于阿尔弗雷德发明了雷管，使硝化甘油能安全地使用于矿山、隧道的爆破工程，因此他高兴地带着这项发明回到了在故乡斯德哥尔摩的父亲身旁。

"爸爸，我们将可以有大的作为了。"

"是呀，我还以为你的研究工作没有太大的进展，我自己也一直停滞在黑色火药与硝化甘油混合的试验中。"

"让我们携手合作，共同组织一个诺贝尔硝化甘油公司如何？"

"构想是很好，但哪儿来的资金啊？"

"这我来想法子。"

阿尔弗雷德离开斯德哥尔摩前往法国，他四处拜访巴黎银行，向他们说明硝化甘油的利用是一种具有伟大远景的事业。但是，没有一家银行愿意贷款给他。

不过，上天不负苦心人，幸运之神终于向他伸出援手了。法国国王拿破仑三世听到有关诺贝尔发明了强力火药的消息，非常感兴趣。他认为硝化甘油在军事上将有广泛的用途，银行应该贷款给他，以帮助他发展这项事业。

19世纪的巴黎银行

阿尔弗雷德因此而获得了十万法郎的贷款，愉快地回到斯德哥尔摩与父亲开始筹建工厂。

工厂位于父亲住处与实验室附近的斯德哥尔摩郊外，是一个不起眼的小型工厂，也就是后来诺贝尔火药工业公司的前身。

1863年，诺贝尔年满30岁，诺贝尔火药工厂正式开始制造硝化甘油。

工厂里五六个员工在伊曼纽尔与阿尔弗雷德的指挥下，十分忙碌地从事硝化甘油的制造。

由于当时肥皂工业特别发达，制造硝化甘油过程中所需的原料甘油又是肥皂工业的副产品，因而价格低廉，并可以大量收购。

"在制造硝化甘油的过程中，要特别小心留意才行。"父亲叮嘱着阿尔弗雷德。

"只要把硝酸冷却,就不会发生危险。"阿尔弗雷德说道。

"但甘油绝对要一点一滴慢慢倒入混合。"

在谨慎的作业下,硝化甘油的成品就这样产生了。

这时在矿业与土木业界,大家都已经知道硝化甘油的爆炸足以使岩石粉碎,而且威力远比过去黑色火药大好几倍。

用凿子和铁锤先将岩石钻洞,再把硝化甘油放进去,以诺贝尔的雷管使之爆炸,岩石就会很快地破裂粉碎,这种方法远较以前的办法快速而有效。 因此,订购硝化甘油的人越来越多,诺贝尔工厂也随着一再地扩大。

"爸爸,我们的生意已经相当兴旺了。"阿尔弗雷德兴奋地对父亲说。

"这都要归功于你的发明。"

"我相信,硝化甘油的时代即将来临。"阿尔弗雷德说。

由于硝化甘油即使用导火线点火也不会爆炸,所以伊曼纽尔和阿尔弗雷德竟和常人一样,误以为它比黑色火药还要安全。

然而他们却忽略了沙布利洛的教训,由于过分地大意,终于发生了一件惨事。

那是1864年的夏天,在大学里读书的弟弟艾米尔·诺贝尔因放暑假回到斯德哥尔摩的家里。

他很尊敬他的哥哥阿尔弗雷德,阿尔弗雷德因为艾米尔是最小的弟弟也特别疼爱他,他甚至超出兄弟的情谊,如同父亲一样地呵护照顾他。

艾米尔和哥哥一样,对硝化甘油非常感兴趣。 他利用暑假期间到工厂里帮忙,也借这个机会锻炼一下自己。

"哥哥,我要想办法使硝化甘油的制造过程更简化、更方便一些,目前这种方法太麻烦,而且费用又高。"

"那当然很好,但你要格外小心才是!"

"您放心好了,我会注意不使温度升高的。"

艾米尔于是每天在工厂实验室里认真地从事硝化甘油制造

过程的简化研究。

"艾米尔,你也真是有心人,将来一定能和你哥哥一样是个成功的发明家。"父亲对艾米尔的努力表示嘉许。

不料,那年9月3日,诺贝尔工厂突然发生爆炸,整座工厂很快地被火舌包围、吞没,成为一片火海。

阿尔弗雷德和父亲伊曼纽尔立刻赶到现场,但火势太大,已无法挽救,只能是颤抖着身体,眼睁睁地看着工厂化为一片灰烬。

火势扑灭后,从残留的灰烬中找出了5具遗骸,其中的一具便是阿尔弗雷德最疼爱的小弟艾米尔。

父亲和阿尔弗雷德所遭受的打击远胜于硝化甘油爆炸时所产生的冲击,母亲更是悲痛欲绝,终日以泪洗面。

经过这次重大的刺激后,父亲经常呆若木鸡、望着远处出神。

在实验室工作的阿尔弗雷德·诺贝尔

他后来被叫到警察局去接受询问,"对于这么危险的物品,你们为什么未经许可就擅自制造?"

"我做梦也没想到,硝化甘油这么不容易引爆的东西竟然会自然爆炸,确实连做梦也没想到!"伊曼纽尔难以置信地回答。

"既是如此,为什么会爆炸呢?"

"硝化甘油只有在室温超过华氏180°时才可能自然爆炸,难道艾米尔在实验室中忘了看温度计?"伊曼纽尔努力地回想着原因。

"会不会是因为太靠近火源呢?"警察提醒说。

"不可能，硝化甘油直接点火都不会爆炸呀！"伊曼纽尔肯定地回答。

"硝化甘油的制造过程是怎么样的？"警察接着问道。

"就是把硝酸和甘油在很低的温度下混合产生作用，那是绝对不会发生意外的。"

"那你为何没有事先申请备案？"

"我们还在实验阶段，制造量很少。"

伊曼纽尔并未因此次爆炸事件而受处罚，但从警察局回来后他却因脑溢血而病倒了。

事实上，硝化甘油具有非常危险的性质，这次事故很可能不是因为艾米尔使温度升高所引发的。

诺贝尔很快从悲伤中重新振奋起来，他立下一个宏愿："我一定要找出硝化甘油最安全地使用、存放和大量制造的方法。"

他试图采取以浓硫酸混合冷的浓硝酸再掺和甘油的方法进行实验。无奈警察机关在此事发生后严禁诺贝尔火药工厂复业，也不准许他们在斯德哥尔摩5公里境内再发展这种危险事业。

诺贝尔的决心并未因此而动摇，他决定到乡下去寻找用地，但没有人愿意租让土地给他建立危险的火药工厂。为了自身及附近人家的安全，人们都拒他于千里之外。诺贝尔不得不死了这条心。

他最后只好到一个大湖上，买了一艘大船作为工厂，这便成了临时的"水上工厂"。

把船锚抛下来固定好船只的位置，这条停泊的大船就成了诺贝尔的工作场所。但其他的船只顾虑到自己的安全，也都因上次的爆炸事件而心惊胆寒，他们不停地指责、反对诺贝尔的行为。为了避开这些令人难堪的困扰，诺贝尔只得一再改变泊船的位置。像这种移动式的工厂，在当时可以说是独一无二的了！

诺贝尔每天都充满干劲并愉快地从事着硝化甘油的研究与

制造。

由于上次的爆炸事件，诺贝尔无法得到人们的谅解，大家都认为硝化甘油是足以致命的危险品，根本没有人愿意购买。

"真糟！没有人敢使用，我的努力岂不等于白费了？我一定要想个办法！"诺贝尔暗自想道。

"对了，何不做点宣传工作？"

诺贝尔化学奖奖牌

于是，他就发出帖子，邀请学者、技术人员、土木业者及军人等，前来参观示范表演，请帖的内容是：

用硝化甘油作为炸药，不仅威力强大而且安全性很高。关于这一点，似乎很多人对此都有误解，为了证明它的安全性与实用性，我将做一次表演性的示范，届时欢迎光临指教。

阿尔弗雷德·诺贝尔敬上

等人到齐了，诺贝尔就在这些受邀者（他们大都出于被动，虽然前来观摩，心中却极不乐意）的面前细心地做着示范表演。

他首先从瓶中取出硝化甘油置入盘中，再用木棒引火点燃，但硝化甘油只是燃烧而不爆炸，诺贝尔立刻把火熄灭，然后说道："硝化甘油只会像这样燃烧，并不会爆炸。"

他接着又用烧红的铁棒插入硝化甘油中，这次依然没有爆炸。

"像这样用灼热的铁棒插入，仍不足以使硝化甘油发生爆炸，由此可以证明它的安全性。但有一点最重要的就是，若以雷管来引发，它就成了威力最强大的爆炸物了。"

于是诺贝尔以雷管来引发硝化甘油，为大家做示范表演。受邀者亲眼目睹这些试验，才又慢慢地了解和接受了硝化甘油，因此工厂的订单又源源不断而来。

其实这是一次冒险的试验，只要稍有差错，诺贝尔就会性命难保。

在用木棒点火的实验中，若不是诺贝尔以极灵敏的手法，在未发生爆炸前即把火熄灭，那么火势的蔓延将会造成可怕的爆炸。

至于用红透的铁棒插入而没有引起硝化甘油的爆炸，那是诺贝尔命不该绝。如果不幸爆炸，单单铁棒飞起来就足以置他于死地了。

正是由于他的幸运和机灵，再加上勇敢和细心才终于为硝化甘油铺下了一条坦荡的大道。

由于诺贝尔大力的宣传，人们开始了解硝化甘油炸药的实用价值。诺贝尔的努力已接近成功的边缘。

因为他终日忙碌于对硝化甘油进行的实验表演及前往矿区做详细的说明示范，硝化甘油的订单又纷纷涌至。

"看样子，我可以不必再到湖上的流动工厂去工作了！"诺贝尔心中暗喜着。他开始为寻找工地而奔波，但人们仍不肯租让土地给他。他们的意思是："硝化甘油是很安全，但凡事不怕一万，只怕万一。"

诺贝尔的忙碌与奔波毫无结果，地主们都不愿提供用地，一切努力看样子是白费了。忽然间，他灵机一动，心想："照这种情势看，要在瑞典境内建立工厂是绝不可能了。倒不如向外发展，或许还有希望。"

1865年春天，诺贝尔来到德国，并对硝化甘油做了广泛的宣传。他在汉堡结识了一位名叫威因克拉的企业家和另一位名叫潘德曼的富商，并邀请他们合伙经营。

"诺贝尔研究的硝化甘油炸药，我认为将来发展的可能性

19世纪的汉堡

很大。"

"我也有同感,既然你要和他一起合伙经营,我希望也能参加一份,在资金方面就由我来投资吧。"

于是世界上首具规模的硝化甘油公司终于在德国汉堡成立了。

1865年11月8日正式开始建厂,厂址选在了易北河上游、距汉堡10公里的克鲁伯。工厂四周环绕着4米高、3米厚的围墙。

这座工厂虽小,却从此支配了全世界火药业界。在汉堡设立硝化甘油工厂的事不久便成为最热门的消息传遍世界每一个角落。这虽然引起大家的注意与好奇,但认为它有高度危险性的也不乏其人,因此有效地说明宣传又成为当务之急。于是诺贝尔和威因克拉又到各国去大力宣传,详细地解说,这才使硝化甘油再度为人们所接受。

当时在德国,硝化甘油也仅仅是被用在铁路工程方面和铁矿的开采上。

"怎么样？硝化甘油相当厉害吧！只要一爆炸，就能产生强于黑色火药好几倍的力量。"

"是呀，在钻孔的岩石中放入黑色火药只不过是喷火而已；但如果放入硝化甘油那可不同了，全部的石头都被炸得粉碎！"

"听说它是危险物品，但在德国还没出过任何意外。"

大家纷纷地议论着硝化甘油。

其实之所以没有发生意外是因为德国气候寒冷，在低温下的硝化甘油是不容易甚至根本不可能发生爆炸的。

在搬运之际，基于安全着想，通常是把硝化甘油放入小铁罐后再装入木箱中，为了避免摇动碰撞，还得在间隔处填入硅藻土，这种包装虽然想得已经很周全，但若不慎把木箱倒置，那后果就不堪设想了！这种装置，后来竟成为炸药发明的重要启示，真可说是造物者奇妙的安排。

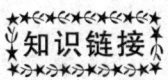

硅藻土

硅藻土由无定形的 SiO_2 组成，并含有少量 Fe_2O_3、CaO、MgO、Al_2O_3 及有机杂质。硅藻土通常呈浅黄色或浅灰色，质软，多孔而轻，工业上常用来作为保温材料、过滤材料、填料、研磨材料、水玻璃原料、脱色剂及催化剂载体等。

显微镜下可观察到天然硅藻土的特殊多孔性构造，这种微孔结构是硅藻土具有特征理化性质的原因。

硅藻土作为载体的主要成分是 SiO_2。例如工业钒催化剂的活性组分是 V_2O_5，助催化剂为碱金属硫酸盐，载体为精制硅藻土。实验表明，SiO_2 对活性组分起稳定作用，且随 K_2O 或 Na_2O 含量增加而加强。催化剂的活性还与载体的分散度及孔结构有关。硅藻土用酸处理后，氧化物杂质含量降低，SiO_2 含量增高，其表面积和孔容也增

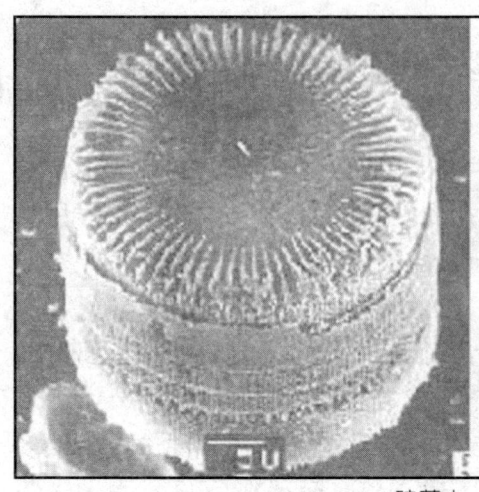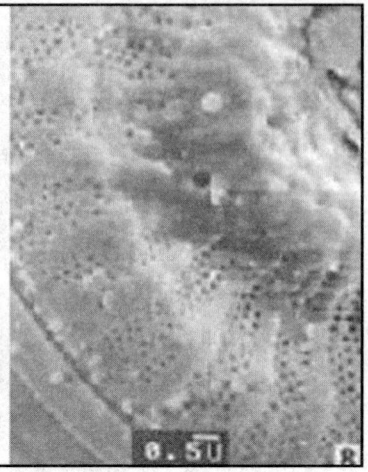

硅藻土

大,所以精制硅藻土的载体效果比天然硅藻土好。

硅藻土一般是由统称为硅藻的单细胞藻类死亡以后的硅酸盐遗骸形成的,其本质是含水的非晶质SiO_2。硅藻在淡水和咸水中均可生存,种类很多,一般可分为"中心目"硅藻和"羽纹目"硅藻,每一目中,又有许多"属",相当复杂。天然硅藻土的主要成分是SiO_2,优质者色白,SiO_2含量常超过70%。单体硅藻无色透明,硅藻土的颜色取决于黏土矿物及有机质等,不同矿源硅藻土的成分不同。

用硅藻土生产的室内外涂料、装修材料除了不会散发出对人体有害的化学物质外,还有改善居住环境的作用。

尽管如此,硝化甘油本身具备的危险性及搬运时的不慎,仍使意外事件不断发生。

硝化甘油是一种黏稠的液态物,有些不懂的人竟将这种高度危险性的液体当作润滑油来使用。

在硝化甘油逐渐出名的时候,阿弗雷德的大哥罗伯特想要知道硝化甘油对自己目前从事的石油事业是否能有所帮助,于是从俄国专程回到了瑞典。

兄弟见面,自然非常高兴。

罗伯特把硝化甘油装在瓶中,单独前往新西兰的基督城做实验。回来以后，阿尔弗雷德问他说："哥哥，你实验做得怎么样？"

"实验所做的结果是不错，但仍然有很多没想到的地方。"

"到底是怎么回事？"阿弗雷德着急地问道。

"在前往基督城的途中，有一段没有铁路，必须换乘马车，我就把硝化甘油的瓶子搁在马车的行李架上了。"

"那多危险！"

"我根本忘了这回事，只顾和邻座的妇人聊天，等到达终点时，才发现因为一路的震动而破了一瓶。"

"结果呢？"

"漏出的硝化甘油沿着车壁一直流到车轮里去了。"

"真太危险了，万一着火了怎么办？哥哥，我已经听得毛骨悚然了！"

"你先别慌，还有下文呢。我到了基督城后只得用剩下的一瓶来做实验，等参观的人到齐后，我才发现瓶中所剩的硝化甘油已经所剩不多。我吓了一跳，忙去问旅馆服务生，你猜怎么着？他竟以为那是光亮剂，拿去擦皮鞋和皮裤了！"

★资料链接★

基督城

基督城位于新西兰南岛东岸，又名"花园之城"，是仅次于新西兰最大城市奥克兰、首都惠灵顿的第三大城市，新西兰南岛最大的城市，也是新西兰除奥克兰以外，来往世界各地的第二大门户。

基督城人口约31.6万人，地势平坦。它把优雅的生活方式和有趣的文化娱乐有机地结合起来。安静的雅芳河蜿蜒流过城市，古老的住宅建筑构成了生动的艺术区，游客乘坐重新恢复的有轨电车很容易就可以参观这里。第一批从英格兰乘四艘船只到来的人于1850年开始在基督城居住，城市内壮观的历史建筑和宏伟堂皇的花园传颂着先人的功绩。

基督城处处洋溢着浓厚的英国气息，是英国以外最具英国色彩的城市。这里，19世纪的典雅建筑比比皆是，到处花团锦簇、草木繁盛的景象，又为基督城赢得了"花园城市"的美誉。基督城洁净的道路，浓浓的林荫，雅致的环境，醇厚的文化气息，让人迷醉。走在这古朴而又充满生机的城市中，游人可以看到清澈的小溪，听见小鸟的鸣唱，接受阳光、清风的抚慰，一切都是那么的自然、和谐。这里有着让人无可抵挡的魅力。搭乘城内的怀旧电车可以游览市内主要景点，如教堂广场、艺术画廊及博物馆。乘电车浏览市容，古雅舒适，购物消闲，同样便利。游客或可踏上马车，欣赏市内明媚风光，怀旧气息让人怦然心动。基督城的建筑物各具特色，古意盎然。区域大厦呈现19世纪哥特式风格，即便是旅客咨询中心那赤色古典的砖层设计也别具风格。市内的植物公园里，玫瑰娇艳欲滴，水仙清逸飘香，还有世界珍卉名花，让人目不暇接。蜿蜒曲折的雅芳河绕着花园流淌，两岸树木翠绿，环境恬静。在河堤岸边漫步或野餐，令人忘却城市喧嚣，尽情享受逍遥宁静的生活。

19世纪的基督城

这里艺术文化气息浓厚，设施完备。歌剧、演奏会、芭蕾舞表演连场，其中不乏著名音乐家及舞蹈者的精彩演出；更有地道的户外流行音乐会及街头巫师演说，雅俗共赏。热闹的各个节庆令基督城更见魅力。城内常举行不同类型的节庆，如花卉节、佳肴美食节、全国艺术节及历史悠久的嘉年华会等，叫人流连忘返。

喜爱夜生活的朋友定能在城中觅得好去处。市内各国食店林立，有极具时代气息的酒吧，也有欧陆式的咖啡店及优雅的饭店，包罗万象，有些更延长营业时间至深夜。

"啊，真是不要命了！"

"我只好用那仅存的一点硝化甘油来做实验，请工人在很大的岩石上打洞，再灌入硝化甘油使它爆炸。"

"成功了吗？"

"结果很成功，原先打洞的那些工人原以为这种像臭牛奶的东西怎么可能炸开石头，都纷纷取笑我。谁知道爆炸后不但石头被震裂得粉碎，连那些还没走远的工人也因空气剧烈流动产生强风而被弹飞到空中。"

"他们没事吧？"

"还好，只是在空中翻了个筋斗，像马戏小丑般地又站回地上，哈哈大笑。"

"哈哈……不要开玩笑！他们的确做得不错。"

就连诺贝尔家人对硝化甘油都如此马马虎虎、粗心大意，可以想象一般人根本无视它的危险性。难怪硝化甘油的意外事故频频发生，同时舆论界的责备声也开始不绝于耳。

纽约街头的旅店

那是因为发生在纽约一家旅馆的爆炸事件。

有一位德国旅客到纽约旅馆投宿，当他要出外时，把一个小盒存放在柜台服务生那儿。这位服务生不知道盒子里装的就是硝化甘油，对于它的危险性更是茫然无知，于是随手把它放在坐椅底下。

次日早晨，服务生发现那盒子正在冒黄色烟雾，惊慌之余，他拿起盒子就往马路上丢，结果一瞬间就引起了一场大爆炸。

附近一带民房的玻璃窗全被震破，而马路上那盒子掉落的位置则被炸成了一米深的陷坑。

这件事立刻成为当天报纸的头条新闻，以最醒目的标题、最大的篇幅指责硝化甘油。

1866年4月3日，巴拿马也发生了硝化甘油爆炸事件。

一艘名叫"欧洲号"的轮船从亚司宾尔港出航时，放置于甲板上的硝化甘油突然发生爆炸，致使17人死亡，船身也受到严重的损坏。

由于德国气候寒冷，使硝化甘油变得极为安全，但在巴拿马这种热带地区，它的危险性实在不容忽视。诺贝尔对这问题也忧心如焚。

"诺贝尔先生，又发生爆炸事件了。"有一天，他的助手对他说道。

19世纪的轮船

"真糟！在哪里？"

"在旧金山一家轮船公司的仓库中，已知有14人死亡。"

"天呀！在旧金山发生这种事，这下问题可大了！"

"听说民众正激烈地呼吁禁止使用硝化甘油，到处都张贴着反对的标语。"

不久，在澳大利亚的悉尼，也因两盒硝化甘油的爆炸，使仓库和附近的建筑物全部毁坏。

"这样下去岂不要完蛋了？要赶快想出好的对策才行呀！"

紧接着又在克鲁伯的工厂中发生了爆炸事件，这是1866年

5月的意外事件。

接踵而来的意外灾害已到了无法收拾的严重地步，各国也都纷纷下令严格禁止硝化甘油的贮存和制造。

听到这些骇人听闻的消息，最感震惊的恐怕要算是发明硝化甘油的沙布利洛了。

"我怎会造出这种残害生灵的罪恶物品来？一条条生命就像从我手中被夺走一般，我真后悔！"他满怀愧疚地责备自己。

法国和比利时最先禁止硝化甘油的制造与使用，接着瑞典也禁止输入；至于英国，虽无明文规定，但取缔之严无异于禁止；其他大多数国家也都一一禁止输送、销售。硝化甘油几乎成为令世界各国望而生畏的绝对禁用物品。

不仅产品受禁，对于诺贝尔的责难也不绝于耳，但他一点也不灰心。

"硝化甘油的爆炸大多在输送途中发生，但在使用时从未发生过意外。只要以安全的方法运输，我相信它绝对是安全的。"

诺贝尔开始研究硝化甘油如何才能安全地运送或存放。

甘油炸药

连串不止息的爆炸事件，使硝化甘油不再受世人的信任并被下令禁止制造与运送，这些都造成了诺贝尔火药工厂的萧条。

"诺贝尔先生，我们的事业就此完了！"

共同合伙人威因克拉失望地说着。

"不会的，绝对不会就此结束的，硝化甘油的强大威力绝非其他物品所能取代！"诺贝尔依旧满怀希望。

"话是不错，但没人肯使用呀！"

"所以我必须设法改变它的外形，若以目前的形态出现，当然无法被大众所接纳。"

"那该怎么办？"

"威因克拉先生，我正在想办法设计出最安全的硝化甘油形态，我相信一定会成功。我们的事业仍有光明远大的前景。"

表情严肃认真的诺贝尔

"诺贝尔先生，你真是一位乐天派，希望你能有成功的一天。"

诺贝尔决心全力以赴去解决这个令人头痛的问题。安全的运送装置是保证硝化甘油安全的第一要件，诺贝尔打算将硝化甘油溶入甲醇中来运送，等要用时，再把甲醇蒸发掉。

"这样不行，过于繁琐，没有人愿意用麻烦的东西，而且炸药本身以液态出现也实在太不方便了！"

"我们可以使它冰冻。"

"可是，在热一点的地区就行不通了呀。"

"那当然，解冻后它仍是液体，只有冰冻状态才不会爆炸。"

"跟黑火药混合可以吗？"他的助手问道。

"这方法我父亲曾经做过，因为黑火药不太容易吸收硝化甘油，所以不是十分理想。"

"可是它一定要和其他物质混合才行，否则怎能成为固体呢？"

"对呀，我以前怎没想过这一点？我就把硝化甘油和其他物质混合试试看。"

诺贝尔试着把硝化甘油和其他各种固态的粉状物相混合,他发现混合锯木屑的硝化甘油能引起爆炸。

"太好了!这下可以了!"

但木屑粉不能很容易地吸收硝化甘油,因此爆炸威力也相对地会减小。于是他又用土、陶器粉等来混合,做了各式各样的混合实验。

"对了,要使液体的硝化甘油能被大量地吸收,木炭粉该是再好不过了。"

诺贝尔一方面苦心研究想出了这个方法,另一方面也到他曾经学习过的美国去调查爆炸事件的情形。

为了专心调查,他把工作暂时放下,并把他的构想告诉了大哥罗伯特。

在美国调查的结果,远比他所想象的要严重,诺贝尔触景伤情,想起了可怜的弟弟艾米尔的那次事故,心中非常难过。

"无论如何,我必须努力研究制造出安全的硝化甘油炸药。我怎能眼睁睁地看着那些无辜的性命一再地被夺走呢?"

诺贝尔很快地回到德国克鲁伯工厂,此后他更是无时无刻不

刚刚发明的甘油炸药被广泛地用在"合恩角"施工现场

为制造安全的硝化甘油而日夜苦思。这时候，他哥哥罗伯特来了一封信：

> 阿尔弗雷德，你将木炭粉加入硝化甘油的构想的确很正确，混合木炭的硝化甘油无论在运输或使用上都比液体时来得方便，而且威力也没有减弱。依我看，你日夜期盼的东西已经产生了。

"原来哥哥已做过实验了，但不知是否有比木炭更好的混合材料？"

诺贝尔在细心思考下，隐约记起以前为了搬运上的安全，曾在硝化甘油的盒子空隙中填满硅藻土的事。

"对了，有一次硅藻土因硝化甘油的渗出而结成硬块，用硅藻土试试看，或许有用。"

硅藻土又名矽藻土，是一种又细又轻的土壤。它是由一种叫硅藻的微生物外壳集结而成的，具有吸收各种物质的特性；而且它的价格低廉，在需求上也不会有短缺的现象。

诺贝尔立刻用硅藻土来混合硝化甘油，它的吸收能力之强真是出乎意料，当它吸收比本身质量多3倍的硝化甘油后可呈现像黏土一般软硬适中的块状物体形态。

"这样就可以使硝化甘油被大量地吸收了。"诺贝尔兴奋地想着。

诺贝尔把硅藻土混合成的硝化甘油做成棒状，以便插入石洞中，爆裂岩石。

这种混合体的爆炸力比木炭粉、锯木屑等其他混合体的威力还要强大，与液态硝化甘油爆炸时一样的猛，而且优点是不会使爆炸物体过于细碎而飞溅到各处。

既然能有效地使用，那么很自然地又要考虑到安全设施，于是诺贝尔再次思考起安全问题。

他把黏土般的块状硝化甘油混合物从高处投落，并未发生爆炸；再把它制成小粒放在铁板上敲击，结果也没有爆炸。

"太好了！这样的成绩该是满分了！"

诺贝尔兴奋异常地用雷管来做引爆试验，这种硝化甘油硅藻土随即发出微小的声音而爆裂。

"从高处投掷或敲打都不会爆炸，但只要用雷管引发，就会产生强烈的威力，这就是我期盼已久的最理想的炸药形式。"

诺贝尔喃喃自语，他此刻内心的喜悦真是无法形容。

他立刻拿起纸笔，写信告诉爸爸、哥哥和威因克拉这个大好消息。

硝化甘油从此以固态呈现于世人面前，不管在运送或作业上都有显著的方便与安全效果，也再不会有无谓的伤亡产生了。

诺贝尔迫不及待地去申请了专利。

他并非就此作罢，依然从事硝化甘油和硅藻土的合成比例实验。他还必须从各地出产的硅藻土中挑选品质最优良的来使用。

这种混合而成的炸药，在

心情喜悦的诺贝尔

硝化甘油与硅藻土的比例为 7.5∶2.5 时，不但威力最强而且软硬适度，至今这种合成比例依然被公认为最完美而为世人使用。

"该给这种新的炸药起个什么样的名称？"诺贝尔想着。

"我应该取一个响亮好听的名字……硝酸硅藻土？ 固体硝化甘油？ 不好！ 不好！"

"最好是能把这种优越的性能一语道尽的名称。"

"对了，就叫甘油炸药。"

"甘油炸药！甘油炸药！"诺贝尔高兴地念着，就这样，新的炸药被命名了。

为了不再出纰漏，诺贝尔接下来的实验十分小心谨慎。

由硝化甘油和多孔物体，也就是具有很多细孔、很容易吸收液体或气体的材料互相混合，所产生爆炸力强大而又安全的新产品，于1864年正式取得专利，但大量产品直至1866年才面市。

新炸药之所以迟迟不对外公开，是因为诺贝尔要一再地经过证实，保证它绝无危险才肯面市。诺贝尔不再像以前那样对危险物品掉以轻心了。

他一再实验的结果，每次都得到相同的答案。他认为这样就可以使一般人安全使用了。

诺贝尔于是在将新制炸药对外公布后就开始大量制造出售。

1866年10月，克鲁伯地方组织了一个甘油炸药安全审查委员会，对诺贝尔所制造的炸药在安全性和威力方面作了一次安全审查。

审查结果是全体安全审查委员会人员一致认为，这是一种成功的产品，在使用和运输上的安全问题已经过关，绝对可以放心使用。

多年来的辛勤努力总算有结果了。诺贝尔的生活如同旭日东升，充满了欢乐、喜悦与希望。同时，工厂里炸药的制造量也与日俱加。

第二年的年初，德国矿业界人士便前来订购大批的甘油炸药。甘油炸药此刻深受矿业界人士的瞩目而被称之为诺贝尔安全炸药。

在矿山开采时使用甘油炸药已成必然，而且从未发生意外。由于挖掘矿坑的效率提高，也使矿山业主的利润倍增，每一个矿商都眉开眼笑，至于以前曾批评、毁谤诺贝尔的人，如今也都对他表示出极高的敬意与赞许。

到了1867年5月，不仅德国国内订购采用，连英国也加以采用；9月，阿尔弗雷德的祖国瑞典也开始来订购了。

"瑞典已经愿意使用，我总算是有机会为国家尽一点心力了。"诺贝尔虽然身在国外，但他从未忘记自己出生的瑞典。他一生都牢记要把握机会为祖国尽忠效劳，因此瑞典订单的飞来是他最感欣慰的事。

"恭喜！恭喜！"除了父亲和哥哥以外，所有的朋友也都来信道贺。

一度被视为可怕的危险物品，现已成为赐福人类的大功臣。甘油炸药用途之广难以尽述，诸如隧道工程、开发铁路、挖掘运河、开山辟地等。

采矿技术随着甘油炸药的运用发生了伟大的革新，不仅铁矿被大量地开采，就是其他的金属也源源不绝地陆续为人们充分利用，从而促进了世界发展的快速进步。

诺贝尔的克鲁伯火药工厂在不断地扩展中，甘油炸药的生产额也一年年地提高。1867年，出厂的甘油炸药产量是11吨。1868年约增为78吨，接着又增为185吨，再过一年，它的产量是424吨，而后马上又提升为785吨。每年的制造额都在直线上升，一直到1874年，甘油炸药的供应量已爬升到每年3120吨的高单位生产额了。

诺贝尔的声誉，随着甘油炸药制造量的急剧上升而传遍全球的每一个角落。

这种新型炸药很快就遍布全球，促进了世界文明的积极进展；然而在它们未遍及各国之前还是有一段艰难困苦的过程。

在设立克鲁伯火药工厂时，德国立即对甘油炸药加以认可而广泛地使用，但其他国家并非如此，所以诺贝尔必须到各国去游说，来阐明甘油炸药的利用价值。

1867年5月，甘油炸药在英国取得专利权，但却不准在英国制造使用。

"真是怪事！授予专利却禁止使用？真不知道他们是怎么想的！"

诺贝尔对英国的做法疑惑不解，他就暗中去查访。后来获悉，原来是阿培尔教授怕自己的棉火药会受到影响，所以才极力反对使用甘油炸药。

诺贝尔向英政府写信说明阿培尔教授的错误观念，此后英政府才知道甘油炸药的安全可靠而准许其制造使用。

不久后，阿尔弗雷德来到法国。他很希望能在这令他难忘的国家设立火药工厂。

1869年春天他抵达巴黎。巴黎方面早已闻知阿尔弗雷德的伟大事业，尤其是一位名叫帕鲁·巴布的年轻企业家对阿尔弗雷德的超人智慧与毅力佩服得五体投地。

巴布经营制铁工业，当他得知阿尔弗雷德来到巴黎的消息后，立刻去拜访他。

"诺贝尔先生，对于您伟大的研究工作我真是钦羡不已！尤其是您以前发明的雷管和此次甘油炸药的发明成功，我非常感兴趣。"

"谢谢您，能认识您，我感到很荣幸。"

"我一直期望能在法国设立甘油炸药制造厂。"

"我正是为此而来，希望能得到热心人士的赞助，在此设立工厂。"

"这可真巧，看样子，我们可以共同在巴黎开创这一事业了。"

于是，他们两人就联合向法国政府提出申请，但未能得到法国政府的许可。

原来火药在法国属于公卖事业，政府的火药公卖局只顾眼前的利益，不愿民间插手，因此禁止甘油炸药在法国境内生产。

"我完全知道甘油炸药的威力和安全性。"巴布说道。

"这对法国将是一种严重的损失。"诺贝尔也深表遗憾。

"更糟的是德国早已大量生产强力甘油炸药，万一德国与法国发生战争，法国在军力上如何与德国对抗？"巴布忧虑地说。

"是呀！依目前局势的演变，战争将很快爆发。"

果然不久后，德法战争爆发了。

当时的德国被称为普鲁士，这次战役就是历史上著名的普法战争。普军因使用甘油炸药，一连攻破法军许多重要阵地；法军虽尽力死守，但火药的威力比不上德军，法军屡次败北，而德军则节节胜利，最后攻入法国境内。

★☆★☆★☆★☆★
资料链接
★☆★☆★☆★☆★

普法战争

普法战争是1870年7月17日～1871年5月10日法国同普鲁士王国之间的一场重大战争。

普法矛盾由来已久，19世纪60年代两国关系恶化。法国企图阻

普法战争中溃败的法军退入瑞士

碍德意志统一，称霸欧洲；普鲁士王国企图打败法国以便统一德意志，在欧洲称雄。英国、俄国则不愿法国过分强大，国际环境有利于普鲁士王国。

1868年西班牙爆发革命，西班牙临时政府建议德意志霍亨索伦王族的利奥波德亲王继承西班牙王位。法国提出异议，普鲁士国王让步。1870年7月13日法国要求普鲁士王作出永久不让霍亨索伦家族继承西班牙王位的保证，普鲁士国王同意，并电告普鲁士王国首相俾斯麦。而俾斯麦蓄意挑起战争，篡改了国王电文并公之于众，使法国蒙受耻辱。西班牙王位问题成为战争导火线。1870年7月17日法国向普鲁士宣战。

战争开始后，法军屡败。7月1日色当决战，普军取得胜利，2日法国拿破仑三世和麦克·马洪元帅率军投降。4日巴黎发生革命，推翻第二帝国，宣布共和，成立以特罗胥将军为首的国防政府。

战争初期，德意志人民为实现民族统一而战。后期发生转折，普鲁士王国从自卫战争转向侵略战争。普鲁士军队占领法国东北部，烧杀抢掠，矛头指向巴黎。

拿破仑三世（左）投降后与普鲁士首相俾斯麦（右）交谈

7月4日成立的特罗胥国防政府未作积极抵抗。17日普军包围巴黎，巴黎人民开始组织国民自卫军。10月27日巴赞元帅率军在梅斯投降。1871年1月18日普鲁士国王威廉一世在凡尔赛宫宣布成立德意志帝国，继承德意志帝位。28日法德签订停战协定，规定法国投降，解除正规军武装，召开国民议会批准条约草案等。但巴黎国民自卫军继续保持武装，要求抗击德军。3月1日法国议会批准《法兰克福条约（草案）》。3月18日巴黎爆发无产阶级革命，凡尔赛政府调集军队与德军配合封锁巴黎。5月10日法德正式签订《法兰克福条约》，战争结束。条约条件苛刻：割让阿尔萨斯省和洛林省之大部给德国；法国赔偿50亿法郎，在赔款付清之前，德军留驻巴黎及法国北部诸省，占领军费由法国负担。

　　普法战争改变了欧洲政治军事格局。法国受到削弱，国际地位下降。普鲁士支配全德意志，成为强国，开始在欧洲拥有优势。

　　"普军使用的炸药威力太大，我们无法对抗。"法军参谋长向司令官报告说。

　　"这该怎么办？"

　　"敌军火药的威力远超我方军火，希望我们也能采用高性能的炸药。"

　　"那是什么火药，难道不是棉火药？"司令官感到很奇怪。

　　"我军目前使用的正是棉火药，它连城墙都无法爆破。"

　　"那么敌军使用的火药是什么？"

　　"是甘油炸药。"

　　"甘油炸药？我好像听过。"

　　"那是瑞典人阿尔弗雷德·诺贝尔发明的，以硝化甘油做原料。"

　　"是阿尔弗雷德吗？我方为什么不制造呢？"

　　"有一个叫巴布的人，曾与阿尔弗雷德一起向我政府申请制造，但未获政府批准。"

　　"这是什么话？快去请巴布到军司令部来，我要仔细地听听整个过程，也许我们还来得及。"

　　参谋长立刻派人去查访巴布的住所。

　　"找到没有？"司令官看上去已经等不及了。

　　"他本来在巴黎近郊经营铁工厂，现在已应召入伍。目前正积极设法调查他所属的部队。"

　　"赶快去找！"

　　不久，参谋长又来到司令官办公室。

"报告司令官,巴布所在部队已查出来了。"

"在哪里?"

"在都尔要塞。"

"什么?都尔?都尔不是昨天已被敌方攻陷了吗?"

"是的。"

"唉,太糟了!已经没有办法了。"司令官失望地说道。

尽管士兵勇猛,置生死于度外,但仍无法抵挡新火药的威力。法国终于向普鲁士投降,结束了这场战争。

巴布则在都尔陷落后被普军俘虏,战争结束后又回到了法国。

"诺贝尔先生,这次我亲身体会到甘油炸药的实际威力,真是太可怕了!"巴布见到诺贝尔第一句话就是这么说的。

"你能平安回来就好了。"诺贝尔安慰着他。

"甘油炸药使要塞的防御工事顷刻瓦解,很多士兵横尸战场。"

"那是必然的。"

"但那些伤亡的士兵,真令人惨不忍睹!"

诺贝尔听到巴布的形容后,心中的凄楚油然而生。他又忆起了死去的幼弟艾米尔。

"甘油炸药竟然给人类带来痛苦,带来不幸!"诺贝尔辗转地思索,并深深地为此自责。

"不,您千万不可有这种想法,炸药本身无罪,是战争带给人类痛苦。如能适当地使用,比如说开矿及土木建筑等,不也是可以给人类带来无比的益处吗?"

听巴布这么一说,诺贝尔才稍觉心安。

法国战败后,拿破仑三世退位,重组一个新的共和国。新生的共和政府为使法国能壮大起来,计划在工业方面寻求发展,因此积极推动矿山开采和土木工程事业。

诺贝尔和巴布立刻向法国政府申请建立火药工厂。不用说,他们马上得到法国政府的批准并在法国南部的柏立设立了炸药工厂。

在法国全面发展铁路工程和矿山开采的背景下炸药工厂急速地发展了起来。

同时，诺贝尔和巴布也在瑞士创立了一家炸药制造工厂。

炸药的大量制造与充分利用不断地在向各国推广，意大利发明家沙布利洛眼见这种情形，也不再保持缄默了。

他于1873年在意大利的托斯卡诺成立了炸药工厂，他以硅藻土和硝化甘油混合做成火药，用"黑色素"命名出售。

炸药促进了许多国家在工业上的飞速发展，不仅是先进的国家，对于发展中的国家则更具有推动的作用。

可塑炸药

诺贝尔炸药的强大威力渐渐受到各国一致地认同，它不仅给采矿、土木工程、铁路建设等事业带来便利，也改善了军事上的技术。

但人们总是不满足于现状，希望时时有更新的产品问世。那些从事开矿事业的人一再要求阿尔弗雷德做出更精良的发明、研究，希望出现一种威力比甘油炸药还大的炸药。

诺贝尔又开始琢磨了，他想："甘油炸药由硝化甘油和硅藻土所合成，硝化甘油的威力已经达到极限了。"

诺贝尔突然想到硅藻土只是土而已，它既不燃烧也不会爆炸，在爆炸力上没有丝毫作用，但如果它本身具有爆炸力，情形就不同了。

诺贝尔灵机一动，努力想着有什么东西本身具有爆炸力，而又能取代硅藻土。

黑色火药以前已经试过，它的吸收力不强，根本不需再考虑。

于是，他就用硝酸铵、木屑粉和硝化甘油相互混合，虽然三种东西都能完全燃烧，但它的威力仍无法取代甘油炸药。

"诺贝尔先生，甘油炸药中的硝化甘油经常从包装纸中渗透出来，您看可否加以改良，使它不再渗透出来？"有一天，一个矿业者向诺贝尔提出这样的要求。

果然，甘油炸药只要稍受挤压，硝化甘油就会从硅藻土中渗出。这是一种无谓的损失，诺贝尔在想是否有吸收力更强的东西可取代硅藻土？

时间不停地在流逝，但诺贝尔仍未找出更好的代用品。

早在1845年，瑞士的巴赛大学有位名叫薛庞的教授，他专门研究各种物质与硝酸的混合作用。有一次，他把棉花放入硝酸和硫酸的混合液中浸泡。第二天，当他把棉花取出用水清洗时，他发现棉花丝毫没有被溶解的迹象，于是他又把那块浸泡过的棉花晾干。晾干后的棉花比以前稍微硬一点，薛庞教授用钳子夹起棉花放在酒精灯上烧，棉花"轰"的一声燃烧起来。奇怪的是，不但没有烟雾，也不残留任何灰烬。薛庞教授大吃一惊，他发现棉花可以制成无烟火药，于是爆炸时不生烟雾的火药棉就产生了。

火药棉的发明很快地引起火药公司和政府当局的注意，因为它不产生烟雾，不论用在大炮还是各种枪械上，都不会被敌人发现射击的地点和位置。

当时机关枪已被使用，但它的子弹是由黑色火药制成的，不但发射后很容易被敌方侦悉发射的位置，同时发射者本身会因烟雾造成的模糊不清而无法瞄准。因此，机关枪在当时不能算是很便利的武器。

无烟火药早就是各国军部和兵工厂期待出现的产品，很多火药棉的制造厂相继兴起，开始制造无烟火药。但工厂却常有爆炸事件发生，经常有新建的工厂在刚动工后便立刻化为灰烬。

火药棉的危险性太高，无法继续生产，因此所有的火药棉工

19 世纪的瑞士

厂又都纷纷歇业。

当时,美国有一个名叫美纳尔的医科学生,他利用棉花和硝酸发生轻微的作用而制成了类似火药棉的药剂,这种药剂很容易溶解于酒精和乙醚中。

把溶化的液体涂抹在物体的表面上,乙醚和酒精会很快挥发而形成一层薄膜,这层薄膜就是硝酸纤维素胶片。

美纳尔是个医科学生,所以他的发明很快地就被运用在医学治疗上,这就是大家熟知的创伤膏的由来。

把硝酸纤维素溶解了涂在伤口上,具有创伤膏的作用。美纳尔把他的发明制成水溶液出售,销路出奇的好。这种液体就叫"棉胶"。它一直被当做是水创膏来使用,有时也可当做糨糊用。

诺贝尔正是因为这种棉胶,引发了他对新产品的灵感。

有一天,诺贝尔在实验室中不小心被玻璃割破了指头,他立刻在伤口涂上棉胶,继续进行他的研究实验。不料,到了晚上，诺贝尔上床睡着以后，手指的疼痛使他醒了过来。

"奇怪，伤口怎么了？"

原来，手指的疼痛是因为其他药物渗透伤口所引起的。

"咦，棉胶还是好好的，并未脱落嘛！难道伤口化脓了不成？"

他把粘住伤口的棉胶撕下，用水洗净伤口，疼痛似乎减轻了一些，他再涂上新的棉胶，伤口已不再像先前那样剧烈地疼痛了。

诺贝尔回到床上，心中暗想："到底是怎么回事？一定有某种物质透过棉胶侵入了伤口。我在睡前做了些什么？啊！对了！我摸过硝酸，这么说，硝酸具有透过棉胶膜的能力。"

诺贝尔实验室

诺贝尔突然间若有所悟，穿着睡衣就直奔到实验室去。

"对！把硝化甘油和硝酸纤维素混合看看，这两种都是爆炸物质，硝酸纤维素是固体，如果两者能完全溶合，必能产生威力更强大的炸药！"

诺贝尔作了如此的假设后，就立刻开始着手去做。

他取出棉胶液和硝化甘油，以各种不同的比例互相混合。试验的结果，在某种比例下，他得到了类似果冻一般软硬的胶质合成物。

"这就是了！"他兴奋地说。

这一次的实验做得非常顺利，在短短的时间内就制成了威力很强的火药。他凝视着放在盘中像果冻般的炸药，一瞬间，阳光已照满诺贝尔喜悦的脸，他早把手指的疼痛忘得一干二净了。

新发明的硝化甘油属于无烟火药，是由硝化甘油和硝酸纤维素所共同制成的像果冻状的胶质物体，可塑性很高，我们就称它为"可塑炸药"吧！

可塑炸药有着极为强大的爆炸力，因为合成它的成分已不再是硅藻土，而是本身具有爆炸力的硝酸纤维素。

甘油炸药中的硅藻土，只能作为吸收硝化甘油的混合物，而硝酸纤维素可与硝化甘油完全溶合成一体，形成像果冻般的胶质。

无论在运输或使用上，可塑炸药与甘油炸药的安全性是不相上下的。而且无论如何挤压，可塑炸药中的硝化甘油也绝不会离析出来。

"诺贝尔先生，这可真是个了不起的发明，请赶快生产出来让世人见识见识吧！"诺贝尔的助手理德·贝克向他建议。

"凡事不可操之过急，对于采取哪一种比例来调和或使用哪一种硝酸纤维素最为理想，还得做一番仔细的研究。"诺贝尔慎重地告诉助手。

诺贝尔不断改变棉花和硝酸的作用，按棉花的硝化度由高至低做了各种程度不一的硝酸纤维素，并且再用各种不同的比例和硝化甘油混合。他一共制成了250种混合物，再一一试探其性质的优劣和作用的强弱。

理德·贝克对炸药的研究有浓厚的兴趣，是一个认真而热心的好帮手。他不仅协助诺贝尔做各项试验，也负责设计制造机

械方面的工作。

　　新制成的火药由于可塑性极高,所以适合于各种用途,也因此制成了各种形状、用途不同的炸药。像特级炸药、凝胶炸药或类似果冻般的可塑炸药等。

　　在各种形态的新产品中,以果冻状的炸药最为安全且威力十足,它是由7％的硝酸纤维素混合硝化甘油而成的。这种掺杂着硝酸纤维素的炸药,爆炸威力远大于纯硝化甘油。

　　"诺贝尔先生,这种炸药的威力真是强劲,但放在铁板上敲打却毫无反应,这是怎么回事?"理德·贝克惊奇地问。

　　"是啊,这种结构的炸药才算完全地成功。"诺贝尔内心充满喜悦地回答。

　　"不仅是成功,简直是成功中的成功!"

　　"为什么?"诺贝尔奇怪地问道。

　　"因为这种新炸药不怕潮湿,在水里也可照常使用。"

　　"哈哈!也许可以用来捕鱼呢!"

　　"嗯,我们就以渔业用炸药来宣传它,你觉得怎样?"

　　"我想,它真正的用途还是在于港湾建设时,用来爆破水底岩石,这比捕鱼要来得更恰当而有意义。"诺贝尔有着他更深的想法。

　　"有理!以前发明的甘油炸药使矿山开采、隧道修筑、铁路建设等事业勃然兴起,如今又可使水底工程、港湾建设欣欣向荣,这些贡献真是太伟大了!"

　　诺贝尔继甘油炸药之后,又发明了硝化甘油系列的无烟火药,为人类谋求了更高的利益。这是在1878年完成的。

　　这种炸药很容易塞入岩石的孔穴中,而且可以只用纸来包裹,不仅使用、包装上方便简省,在威力方面也绝不逊于甘油炸药,这也是这个新产品的最大优点。由于在运输上及工程现场作业的便利,硝化甘油系列的无烟炸药受到矿业、土木业者的热烈欢迎。

　　不过,价格略微昂贵是它唯一的缺点,但这并不影响它的销售,这种炸药很快便在世界各地上市。

家族的事业

父亲伊曼纽尔 1859 年离开俄国以后,长子罗伯特与次子路德维格两人仍留居在圣彼得堡。

诺贝尔工厂虽然转让给了别人,但他们兄弟俩仍旧在工厂中担任经理和厂长的重要职务。

大哥罗伯特后来与一个芬兰女子结婚,但因她不喜欢俄国的种种生活方式,无法适应当地的生活,所以夫妻两人相偕回到芬兰的赫尔辛基经商。

19 世纪的赫尔辛基

罗伯特开设的店铺,专门销售陶器和油灯。当时石油灯是一种很普遍的照明工具,因此他的店里不仅出售油灯也兼售石油。

一天,有一位顾客非常生气地对他说:"你卖的油真是糟透了,不但点不燃而且臭气冲天。"

"很抱歉,请等会儿,我马上替您换。"

客人走后,罗伯特仔细研究客人退回来的油,才发现这并非原油的精炼品,里面含有过多不适合点灯用的成分。

罗伯特本来就是一位很能干的技师，对于这种劣质的油，他开始研究并希望能改良其成分而使其成为上等灯油。

罗伯特把石油放入细颈瓶中，仔细地端详。心想：这油含有高百分比的重油，如何冶炼才能成为好的灯油呢？我想应该是把油放在细颈瓶中经过蒸馏后，去除较重的沉淀，而取用较轻的那一部分。

罗伯特准备了一个蒸馏瓶，把油放入瓶中蒸馏后取用其中较轻的成分作为灯油。

"这样虽然可以使油灯点燃，但仍具有怪味和烟，这种油客人不会满意的，我该怎么做呢？"他向妻子征询意见。

"我看先用硫酸洗一洗，再用苛性苏打水洗，最后用水冲去杂质，这样一定能成为上等灯油。"

"那太麻烦了！"

"但只有这样才能使低劣的油变成好油啊！"

当他把这种油卖给顾客时，客人们都说："这果然是好灯油，以后希望每次都能买到这种好油。"

于是罗伯特把采购来的劣等油，经过提炼后以优厚的利润毫无损失地售了出去。

"你真是了不起，我认为我们应该经营石油公司，这样才不会让你大材小用了！"妻子佩服万分地对罗伯特说。

"芬兰不产石油，我们经营石油公司太不划算。"

虽然有改良过的灯油出售，但罗伯特的杂货生意并不是很好。

为了找一份更好的工作，罗伯特回到斯德哥尔摩和父亲、弟弟商量。

当时正是阿尔弗雷德对硝化甘油炸药的研究初有所得，刚刚开始生产产品的时期，所以罗伯特也决定从事此行业。

他回到芬兰后，就关了杂货店，另外开设了诺贝尔硝化甘油公司。

因为罗伯特热心地推销，硝化甘油炸药曾一度畅销，但后来

19 世纪的芬兰

因为相继发生的爆炸事件，人们便不愿再使用它。

"真倒霉，运气坏透了！一个原本很上轨道的生意又泡汤了！"

"不知道还有其他什么办法可想？"妻子问他。

"你不喜欢俄国，否则我们仍可回到圣彼得堡去协助路德维格的工作，这是最妥当的办法。"

"不用担心我，我看也只能这样了。"妻子表示赞成，于是两人又回到了俄国。

路德维格一直未曾离开过圣彼得堡，经过长时间辛勤的努力，他终于自己开设了一家机械公司。由于他是一位优秀的技术人员，又具有企业家的头脑，所以他的机械事业很快就兴盛起来。

父亲以前的工厂专门从事水雷等武器的制造，路德维格凭借着以前在工厂学习的经验，从事枪械和大炮等零件的制造。目前这座机械工厂比以前他父亲的工厂名气更大。

从芬兰回到俄国的罗伯特，决定到弟弟的工厂中工作。

"路德维格，没料到你的事业会如此飞黄腾达。"

"哪里的话，哥哥你肯来帮助我，就像得到了一百万的生力军，以后可要劳您多费心哦。"弟弟谦虚地说道。

"这话该是我说才对，凡事我会尽最大的努力。"

罗伯特的主要工作是负责产品销售和材料采购等，属于商场业务方面，因此经常要在广阔的俄国境内奔波走动。

"哥哥，购买枪支的人太多，虽说有足够的铁，但制造枪杆的木材却很缺乏，经常供应不上。"

罗伯特问道："做枪杆的木材是特殊木材吗？"

"是的，一定要木质细密、坚硬、厚重的胡桃木才行。"

"樫木行吗？"

"樫木产量固然很多，找起来也方便，但一支好的枪，必须用胡桃木做枪杆才可以。"

"那我想办法找找看！"

"又得麻烦您了。"

"你知道胡桃木哪里产量最丰富吗？"

"就在巴库一带，那是俄国境内最大的产地。"

"巴库是在高加索山附近吗？"

"是的，也就是在里海沿岸一带。"

于是，罗伯特为了寻找胡桃木只身跑到遥远的巴库去了。没想到这次旅行竟成为这兄弟两人命运的转折点。

罗伯特在巴库地区四处寻找胡桃木的同时，竟意外地找到了比胡桃木更有价值的宝藏，那就是石油。

巴库地区石油的蕴藏量很丰富，这在当地早已不是件新闻了，此地的油田在世界石油史上，可以称是最古老的油田。

根据古希腊神话的传说，由天庭盗火给人类而被天神捆绑于高加索山的岩石上，并让老鹰来啄食肝脏的普罗米修斯所流出的血汇集于山下，就成为了现在的巴库油田。

知识链接

普罗米修斯

在古希腊神话中，普罗米修斯是泰坦巨人之一。在宙斯与巨人的战争中，他站在新的奥林匹斯山神一边。他用黏土造出了第一个男人，雅典娜赋予了这个男人灵魂和神圣的生命。

普罗米修斯还花费了很多时间和精力创造了火，并将之赠予人类。火使人成为万物之灵。

普罗米修斯

在这之后，举行了第一次神与人的联席会议。这个会议将决定烧烤过的动物的哪一部分该分给神，哪一部分该给人类。

普罗米修斯切开一头牛，把它分成两部分：他把肉放在皮下，将骨头放在肥肉下。因为他知道自私的宙斯爱吃肥肉。宙斯看穿了他的把戏。普罗米修斯偏袒人类，这使宙斯感到不快。因此，宙斯专横地把火从人类手中夺走。然而，普罗米修斯设法窃走了天火，偷偷地把它带给人类。

宙斯对他这种肆无忌惮的违抗行为大发雷霆。他令其他的山神把普罗米修斯用锁链缚在高加索山脉的一块岩石上。一只饥饿的老鹰天天来啄食他的肝脏，而他的肝脏又总是重新长出来。他的痛苦要持续三万年。但他坚定地面对苦难，从来不在宙斯面前丧失勇气。

就这样，日复一日，年复一年，直至一位叫赫拉克勒斯的英雄为了寻找金苹果来到此地。这位百发百中的神箭手看见神的后代被缚在悬崖上，一只巨鹰正在啄食他的肝脏，便立即放下行囊，弯弓搭箭，射死了恶鹰。然后他打开铁链,把普罗米修斯解救下来。宙斯知道这件事后大发雷霆。为了平息宙斯的怒气,赫拉克勒斯把马人喀戎带来作了普罗米修斯的替身。喀戎被赫拉克勒斯的毒箭误伤,伤口始终不愈,疼痛难忍,但他情愿牺牲自己,也要把自己永生的权利让给普罗米修斯。

不过,宙斯还是要普罗米修斯的手腕上永远戴着一只铁环,上面连着一块高加索的石片。这样,宙斯就可以夸耀他的仇人仍然被缚在山上。

现在我们常把普罗米修斯比喻成为了他人而宁愿牺牲自己的人。

在当时,巴库的石油并未被人们重视,人们以为它毫无利用价值,俄国人使用的石油大多从美国输入。因此,巴库油田几乎是荒废在那里,很少有人去开采。

19 世纪的巴库

罗伯特在巴库地区寻找胡桃木时,处处可以看到油井林立,他颇感兴趣,这大概是因为他在芬兰曾对石油的精炼下过一点工夫,所以多少了解一点石油的可利用价值。

"在这么广大的地区中,处处可见油田,想必它和美国的加州一样，地底下一定蕴藏着丰富的原油。"罗伯特心里这样想到。

回到圣彼得堡后，罗伯特向弟弟提及此事，他说："我认为巴库将来会成为一个很大的石油产地，你认为如何？"

"我想应该是这样，改天我们再一起去看看吧。"

"如果真有大量的石油埋藏在巴库油田里的话，我们就可以一起经营石油的事业了。"罗伯特建议说。

"这倒是个好主意。如果真是这样的话，我宁可放弃目前的工作，而去投身于石油事业。我有预感，石油在未来的世界将是一种不可缺少的重要物资。"

不久，两兄弟就到达巴库开始做初步的调查工作。

1875年，罗伯特再度来到巴库，买了一个他认为有希望的小油田。

"哥哥，这个油井的确不错，虽然尚未深及内层，但只要稍微一挖，就有大量石油涌出了，光靠人工挖掘，实在不是办法。"

路德维格不但是一位企业家，也是一个精干的机械技师。当他看到工人辛勤地用手来挖井的景象时，立刻构想出要制造一个挖井的机器，它不仅要能挖得深还要挖得快。这个想法很快就实现了。就这样，因为两兄弟灵活的脑筋，他们的石油产量得以不断地增加。

油量的丰富，激发了他们成立一个石油精炼厂的灵感，而这一次就轮到罗伯特大显身手了。

"哥哥，你是何时学会石油精炼法的？"路德维格好奇地问道。

"这哪算什么精炼法，只不过是我在芬兰开杂货店时，胡乱摸索出来的玩意儿。"哥哥罗伯特说道。

"人生也真是奇妙，往往在无意间做的一些事，却给以后带来莫大的益处！"

诺贝尔兄弟的石油事业蒸蒸日上，这不但使他们成为石油巨子，也奠定了今天巴库油业的基础。

如今的俄罗斯之所以成为世界石油最大产油国之一，主要是基于当初巴库丰富油矿的开采。

石油之城——巴库

罗伯特和路德维格共同创立的石油公司，由于全体同事的不懈努力，业务在不断地蓬勃发展。

具有发明才能的诺贝尔兄弟，不只对于买卖事业的经营，同时对于石油的采掘、运输及精炼也都下了一番工夫。这种努力促使石油业日益精进，也奠定了诺贝尔石油公司日后的伟大成就的基础。

"路德维格，石油产量虽然在不断增加，但若不想办法运送出去，外界势必会因为缺乏油源及运费暴涨而提高油价，这种影响会导致不良后果。"有一天罗伯特担心地和弟弟说道。

"哥哥，我也考虑到这一点，你先看看我设计的车子模型。"

"好，让我看看。"

按照路德维格设计的车型蓝本，专门运输石油的"阿尔巴士"产生了。

他们又在距巴库10公里的巴拉卡尼，开辟了一处油田，利用"阿尔巴士"往返运送。从此诺贝尔兄弟的石油事业获得了更大的利润。

之前他们有过一次对话：

"哥哥，我们已经有了足够的资金，而且一直经营得都很顺利，我想现在应该扩大和增加设备才行。我们不如在巴拉卡尼和巴库间铺设油管,你认为怎么样?"

"要用油管输送?要知道两地间隔了足十公里呢。"哥哥担心地说道。

"哥哥,你想想看,挖一条水沟可以使水流畅行,石油和水一样是液体,我们只是依样画葫芦,却可以省去许多麻烦,不是很好吗?"路德维格建议说。

"既然如此,那我们就试试看好了。"

他们采用了新的方法,在巴拉卡尼油田到巴库炼油厂之间设置油管,以便原油的输送。这种方法竟然非常成功。

采用了这个方法以后,原油的成本降低,诺贝尔出售石油所得利润也就相对地增高了。

"从事任何一种行业,只要肯动脑筋,没有不成功的。"

"可是,哥哥,最近发生麻烦了!"

原来自从采用油管输送石油后,过去从事运输业的人很多都因此而失业,他们无以谋生,便开始破坏油管。

诺贝尔兄弟不得不雇用武装警卫人员来予以保护。但他们的石油事业并未因此停顿,不道德的破坏者毕竟是少数,因此油管架设工程仍在不断地扩展。

1882年,诺贝尔两兄弟合组的石油公司已经具备庞大的规模,每年有20万吨的石油

石油的输油管道

出厂。巴库炼油厂里有 20 多个并排的大型储油槽，使这座工厂显得格外壮观，工厂的员工已超过 5000 名。

在石油事业上有了非凡成就的路德维格，曾于 1875 年写信给阿尔弗雷德说：

> 听说你的甘油炸药研究工作已圆满完成，我在此为你喝彩！
> 　　我们在此经营的石油事业也相当顺利，最近罗伯特在邱雷肯岛又发现了一处油田，也亏他对石油精炼非常在行，又想出了改良的方法。我们都希望你能来参观我们的工厂，或许因为你的来临，我们的石油事业又将再现新的景象。

对于哥哥的邀请，阿尔弗雷德回信说："谢谢你们的邀请，我由衷地祝福你们事业成功，我真希望能立刻看到你们那壮伟的石油工厂，但由于目前对甘油炸药的研究我暂时无法脱身，只好过些时间再说了。"

1877 年，路德维格到法国巴黎和阿尔弗雷德见面，并表示希望阿尔弗雷德能加入他们的石油事业。

阿尔弗雷德对石油事业也颇感兴趣，于是决定成为诺贝尔石油公司的股东之一。

第二年的 5 月，诺贝尔兄弟石油公司成立了；在 1879 年又由俄皇投以巨资，成为拥有 300 万卢布资本的大公司。

阿尔弗雷德从此不但是一位火药发明家，也成为了一个石油企业家。

诺贝尔兄弟石油公司以迅雷不及掩耳之势勃然兴起。为了使工作井然有序，处理得体，路德维格负责圣彼得堡方面的业务经营，罗伯特则负责在巴库方面的技术工作。

1879 年，罗伯特突然生了一场大病，从此无法再像以前那样工作了。

"这可怎么办？偌大的一个公司，要我独自承担，又不方便请阿尔弗雷德来帮忙……"路德维格担忧着公司的发展。

从这以后，路德维格不得不挑起重担，兼顾着圣彼得堡的营业和巴库的工厂管理，他的生活更是忙碌不堪。但他具有惊人的才能，足以应付各方面的事务，公司的一切仍然有条不紊，而且有了长足的进步。

终于迎来了他们事业中兴的1882年，而这一年阿尔弗雷德终于有机会到俄国来，路德维格真是兴奋极了。

"阿尔弗雷德，我们的石油事业你还满意吧。"路德维格说道。

"真是惊人！能使巴库成为一个大工业区，实在出人意料，哥哥，你实在是了不起！"

"哪里，这点小事怎能和你的炸药事业相提并论。"

"哥哥，你太谦虚了！巴库能成为石油之城，俄国和欧洲的工业能迅速发展，都是你一手造成的。我一想到这点，就备感骄傲。"阿尔弗雷德由衷地说道。

"经你这么一说，我可真是乐坏了。"

阿尔弗雷德站在一个发明家兼企业家的立场来参观哥哥的工厂和公司。他把自己的感受坦白地说了出来，丝毫没有奉承恭维的意思。而且在他提出的建议当中，颇有值得路德维格参考和采纳的地方。

"无能者无所求。"这是路德维格的座右铭。

他以工作为乐，每逢困难挫折横阻于前的时候，都能勇往直前，一一克服。

这种不畏艰难的决心和毅力，是诺贝尔兄弟所共有的特质；此外，他们也都具有一颗仁慈善良的心。

慈善的胸怀，可能是得自母亲的遗传。卡罗琳娜女士不仅怜恤穷苦的人，更乐于倾全力去帮助那些需要帮助的人。

阿尔弗雷德·诺贝尔的慈爱，可由创立诺贝尔奖的事实得到证明。至于路德维格，我们也可从他经营企业的手段与政策上

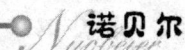

得到答案。

路德维格对工厂中的员工爱护备至，所给付的薪资也是当时不可多得的高薪待遇。

那个时候，是一个视工人如牛马的榨取劳动力的时代，路德维格却主动安排员工休假，让他们有时间做休闲活动，并把12～14小时的工作时间，减为10.5小时。此外，他的工厂里，绝不雇用12岁以下的未成年儿童。

在巴库城，有一个非常幽雅理想的住宅区，这便是路德维格特地为员工们建造的住所。

此外，他也为单身员工们建有舒适的公寓；为了上下班的便利还备有专门接送的汽船。

工厂里更设有足够的娱乐器材和完善的医疗设备，使全体员工都能愉快而安心地工作。

"公司的繁荣，全靠员工们一致地努力，使他们心情愉快、生活

里海资源图

安定是我的责任。巴库位于里海边缘，远离都市，这种偏僻荒凉的地方，要使大家的心情愉快、生活上无所顾虑，更是我的职责所在，这也是我酬谢他们辛苦劳动的最好方法。"每当有人问及，路德维格就会这样回答。

有人称这一地区是"巴库的绿洲"。的确，在一片荒原中，它能特立、突出，实在是当之无愧。

工业区面临里海秀丽的海岸，夏季是最好的避暑胜地；冬季徘徊于沙滩上，则另有一番景致。

诺贝尔公司里有一条创新章程，准许员工自由加入公司股份，这是其他公司所没有的。

公司上上下下的组成人员都心怀感激，莫不对路德维格感到崇拜、尊敬而尽力为公司效劳。

石油之城巴库，就在这样的经营下发展壮大，奠立了今日俄罗斯石油工业的基础。

可是在1883年，诺贝尔兄弟石油公司却遭到了前所未有的严重打击。

当时石油价格虽然低廉，但这次意外事件对诺贝尔兄弟来说确是一大损失。

"董事长，工厂发生了大火！"有一天，一个工人慌慌张张地跑来报告。

由于平时没有想到会发生火灾，路德维格急忙跑了出去看个究竟。

石油公司发生的火灾是无法救援的，只能在无可奈何的心情下，看着漩涡般的火焰凶残地吞噬着他们多年的心血。路德维格痛心地道："我当初真该加强防火设备！"

可惜的是，这种自责已于事无补，巨型的石油工厂片刻间化为了灰烬。

天道无常，祸不单行。诺贝尔兄弟石油公司在工厂失火后，又有一艘油轮在航海途中因火灾而沉没。

火灾给诺贝尔兄弟石油公司带来了致命的打击，如想重建工厂，需要一笔庞大的资金，该怎么办？路德维格终日愁眉不展。

资金难筹，正当他徬徨无计之时，阿尔弗雷德来信了。他说："这场火灾，虽然令人万分惋惜。但我相信，以你的才能，要使工厂复苏并非难事。重建资金由我来资助，我这几年来炸药事业顺利成功，不难为你筹足所需的款项。"

这封信犹如甘霖，使路德维格喜出望外。

不久，在阿尔弗雷德资金的援助下，巴库的石油工厂又恢复到以往的规模。

路德维格不仅在石油事业上有着辉煌的成绩，他对高加索地区铁路建设事业，也有着伟大的贡献。

他于1888年撒手西去，享年仅57岁。

路德维格堪称俄国石油产业之父。他一生的成就与功绩，如同阿尔弗雷德在火药界的声望一样，永留后世，在历史上留下了光辉的一页。

罗伯特也因病回到故乡斯德哥尔摩调养，于1895年与世长辞，享年66岁。

飞行炮弹

"硝化甘油系列的可塑炸药具有与其他炸药截然不同的特性。"诺贝尔对他的助手说。

"有何不同？"他的助手问道。

"其他火药都是固体混合物。黑色火药是由硝石、木炭、硫磺混合而成，甘油炸药则是硝化甘油渗入硅藻土中所制成的。"

"嗯，有的还加入木屑……"助手补充说。

"就是这个意思。"

"那么这种可塑炸药组合成分是什么？"

"它的外形就和它的名字一样可以随意塑造，形态又像果冻。它是在硝化甘油中加入微量含有硝酸纤维素的火药棉所造成的。"

"换句话说，它的每一个部分都很平均了？"

"是的，任何一种火药都无法像它一样匀称。"

"就是这样？"

助手们对阿尔弗雷德的解说仍然不是很明白。

"你们还不懂吗？只要炸药本身的每一个部分组织相同、含量一致，它们就可以按照同一速度进行燃烧。"

"这有什么用处？"

"你们的反应真是迟钝！火药不仅要用于矿石爆破、开凿马路，还要利用在更精密的事物上。"

"我知道了，譬如用在大炮上，就可使炮弹以正确的速度发射出去。"助手似乎明白了一些。

"哈，你们总算想通了！如果你想瞄准远处海上的军舰，这个目标既远又小。若炮弹速度太快，必会飞越军舰；若是太慢，还没有到达目标就会掉落。所以要有正确的命中率，就必须使火药以正确的速度爆炸。"

"哦，诺贝尔先生，难怪以前用黑色火药作为弹药来发射的武器，命中率都很低呢。"

"是呀，必须在短距离内才能打中。"

"诺贝尔先生，你就是想用可塑炸药来作为大炮发射火药吗？"

"不！可塑炸药虽然具有同速爆炸的性质，但不适宜作发射火药，它的用途还有待详细研究。"

"诺贝尔先生，你从事火药研究，完全是为了制造武器吗？"

"不，我仍然是和平主义者，但光凭口说，是无法避免战争的，所以我希望制造威力强大的炸药，因为它的爆炸力能造成不可思议的严重后果，这样才能阻吓那些好战人士，使他们不敢轻易发动战争。"

"那就是说你要研究制造出威力强大而且发射正确的火药了？"

"是的，我就是想要在硝化甘油系列的可塑炸药方面做更深入的研究。"

诺贝尔于是从硝化甘油系列无烟火药开始着手,希望能研制出各部更均匀且能完全燃烧的火药。

诺贝尔和他的助手们共同研究,把硝化甘油和火药棉以各种不同的分量混合后加以凝固,做成棒状、板状及颗粒状,以便试验它们的爆炸性质。

可塑性炸药

"这种调配最恰当,硝化甘油和火药棉成分各半。"

"不错,还要再加入百分之十的樟脑。"

"咦,樟脑?那不就像赛璐珞了吗?"助手奇怪地问道。

"是呀,这其实就是赛璐珞的一种,只是在硝酸纤维素中多了硝化甘油,所以点火后非常厉害!"

"的确,真是可怕的赛璐珞!"

知识链接

赛璐珞

赛璐珞是塑料的老祖宗,赛璐珞是英文"celluloid"的译音,它有两个意思,一是假象牙,二是电影胶片。过去的台球大多是有钱阶层的娱乐活动,到19世纪,在美国已非常盛行。那时的台球是用象牙做的,显得很高雅。但当时非洲的大象不断减少,美国差不多完全得不到象牙来制作台球,这可愁坏了台球制造厂的老板,于是宣布:谁能发明一种代替象牙作台球用的材料,谁就能得到一万美元的奖金。1868年,在美国的阿尔邦尼地方有一位叫约翰·海阿特的人,他本是一位印刷工人,但对台球也很感兴趣,于是他决定发明出一种代替象牙制作台球的材料。他夜以继日地冥思苦想。开始他在木屑里加上天然树脂虫胶,使木屑结成块并搓成球,样子倒像象牙台球,但一碰就碎。以后又不知试了多少东西,但都没有找到一种又硬又不易碎的材料。

功夫不负有心人。一天,他发现做火药的原料硝化纤维在酒精中溶解后,再将其涂在物体上,干燥后能形成透明而结实的膜。他就想把这种膜凝结起来做成球,但在试验时一次又一次地失败了。不过他并不灰心,仍然一如既往地进行探索,终于在1869年发现,当在硝化纤维中加进樟脑时,硝化纤维竟

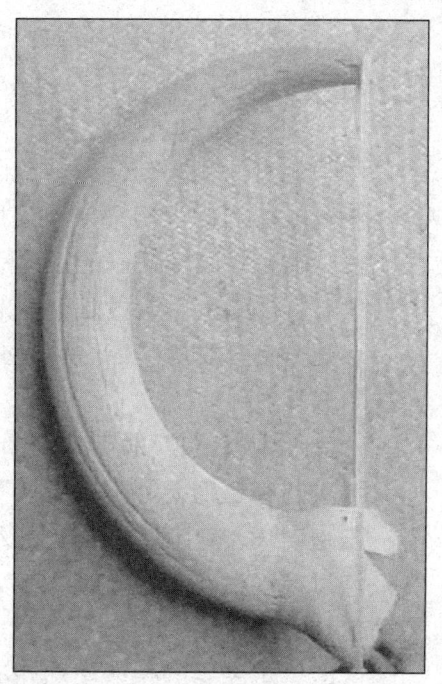

象 牙

变成了一种柔韧性相当好的又硬又不脆的材料。在热压下可成为各种形状的制品,当真可以用来做台球。他将它命名为"赛璐珞"。

1872年,他在美国纽瓦克建立了一个生产赛璐珞的工厂,除用来生产台球外,还用来做马车和汽车的风挡及电影胶片,从此开创了塑料工业的先河。1877年,英国也开始用赛璐珞生产假象牙和台球等塑料制品。后来海阿特又用赛璐珞制造箱子、纽扣、直尺、乒乓球和眼镜架。

从此,各种不同类型的塑料层出不穷,现在已经工业化的塑料就有300多种,常用的有60多种,至于用这些塑料生产出的形形色色的产品,那就数都数不清,遍及国民经济的所有部门。

赛璐珞的用途是多种多样的,远远超出了台球桌的范围。它能够在水的沸点温度下模塑成形;它可以在较低的温度下被切割、钻孔或锯开;它可以是坚硬的团块,也可以制成柔软的薄片(可以用来做衬衫领子、儿童玩具等);更薄和更韧的薄片可以用作胶状银化合物的片基,这样它就成了第一种实用的照相底片。

现在它最常见的用途就是做乒乓球,其他的用途是在化工、航天、机械、印染等方面。

由硝化甘油和火药棉做成的胶质炸药,也就称为塑胶炸药。

把做成棒状的火药拿来点火后统计所得到的结果,经多次记录比较,都是以同样正确的速度完全燃烧。

"诺贝尔先生,这真是完美的试验!"助手兴奋地说道。

"嗯,完全成功了!这种火药不是只可用来爆炸,还会有更大的用途呢。"

"真不可思议!"助手感叹道。

"我们马上用大炮试试看。"

于是诺贝尔订制了一个实验用的小型大炮。

经过多次试验,在大炮中装入的新火药,每次都能很准确地命中目标,毫无失误。

"诺贝尔先生的想法果然正确,你不仅在炸药的革新方面有重大成就,如今在发射性火药方面也有革命性的创新。"助手们都钦佩万分。

"这么粗重的大炮,竟能成为极度精密的机械,你们从未想到吧!"诺贝尔得意地笑着说。

"从此以后,战争的形式可能又要改变了!"诺贝尔若有所思地说道。

"诺贝尔先生,您这话是什么意思?"

"这就是说以前旧的炮弹只能对视线以内的物体发射,万一没有瞄准,还要重新调整炮口。如果炮弹落在目标前方,炮口要往上抬;如果炮弹落在目标后面,炮口就要往下倾。总得经常移动,有时候经过好几次调整,还不一定能击中目标呢。"

"那新的发射炮弹……"

"新的发射火药也就是塑胶火药,只要测出正确的距离,并调整火药的强弱及正确方向,稍微加以计算就可以命中目标。"

"这样不但方便省事,也不必再浪费炮弹了!"助手补充说。

"它不仅适用在目力可及的距离,就是无法看见的物体也能击中。"

"啊,能击中看不见的物体?"

"是的,在遥远地平线那端的敌人或隔山的目标。"

助手们无不愕然,诺贝尔看到他们半信半疑的神情,继续解释说:"当然,对于那些看不见的地方,我们必须有正确的地理观念,也就是熟悉它的距离和方位。只要炮身角度正确,那么,射出去的炮弹绝不会出错,即使是我们看不见的任何目标,也可以命中。"

老式炮弹

"真厉害!但一切能顺利无误吗?"

"你们等着瞧吧,这个理想很快就要实现了。"

大炮技术的改良,果然被诺贝尔言中,使大炮成为活的精密机械。

不久以后,炮击已经可以在不可见的双方间展开。就像海军舰队,双方互不可见,彼此处于遥远距离之外,但炮击仍可以激烈地进行。

后来人类登陆月球的壮举,也是同一技术的进步,使火药以极精密的正确性完全燃烧,推动太空飞船飞行于星际间而到达目的地,造成前所未有的空间拓展。

火箭的发射,是靠着内部火药的燃烧产生冲力强大的气体的反作用力以推动火箭飞行。

燃烧气体喷出的速度若不正确,火箭就不能准确地发射。它飞往月球时的速度是每秒11200米,每秒间的最大差异不超过

1米，其精确度可想而知了。

资料链接

火 箭

正在发射的火箭

"火箭"一词根据古书记载，最早出现在公元3世纪的我国三国时代，距今已有一千七百多年的历史了。当时在敌我双方的交战中，人们把一种头部带有易燃物、点燃后射向敌方、飞行时带火的箭叫做火箭。这是一种用来火攻的武器，实质上只不过是一种带"火"的箭，在含义上与我们现在所称的火箭相差甚远。唐代发明火药之后，到了宋代，人们把装有火药的筒绑在箭杆上，或在箭杆内装上火药，点燃引火线后射出去，箭在飞行中借助火药燃烧向后喷火所产生的反作用力使箭飞得更远，人们又把这种喷火的箭叫做火箭。这种向后喷火、利用反作用力助推的箭，已具有现代火箭的雏形，可以称之为原始的固体火箭。

19世纪出现了几项重大技术进步：燃料容器的纸壳改为金属壳，延长了燃烧的持续时间；火药推进剂的配方标准化；制造出发射台；发现了自旋导向原理，等等。19世纪末，火箭开始用于非军事目的，如用火箭携带救生索飞向海上遇难船只。19世纪末20世纪初美国科学家戈达德和其他几位专家奠定了现代火箭技术的基础，并发射了第一枚液体燃料火箭。

20世纪70年代,美国研制出全新的火箭动力航天运载工具即航天飞机。它主要分3个部分:机身后部装有3台主发动机的轨道飞行器;装有液氢和液氧推进剂的外挂燃料箱(5分钟后脱落),保证主发动机工作;装有2台可分离的固体燃料火箭发动机(2分钟后脱落),它们与轨道飞行器主发动机同时启动,提供初始升空阶段的推力。1981年4月12日,人类第一架航天飞机"哥伦比亚号"发射升空。

所以说人类文明能进入太空时代,诺贝尔的研究成果功不可没。

"真令人难以想象!诺贝尔先生,你决定如何命名这种新发明?"

"这……"诺贝尔似乎还没有想好。

"就叫它诺贝尔火药如何?"

"是不错,但怕它会与甘油炸药混淆不清"。

"哦,说的也是。"

"这种无烟火药既然具有飞行的功能,我们不如就叫它'飞行炮弹'吧。"

"好呀!"

于是由硝化甘油和火药棉制成的飞行炮弹产生了,但也还是有人管它叫诺贝尔火药。

在法国遭遇挫折

"听说诺贝尔又有新发明了,是真的吗?"

当诺贝尔发明的飞行炮弹完成后,消息很快传到法国陆军总司令的耳朵里,就在他的办公室中,参谋长立刻被召来问话。

"是的,司令官!诺贝尔已将此新发明正式公开。是一种适用于大炮的发射火药，名叫飞行炮弹。"参谋长回答。

"具有多大威力？"

"我也没见过，既然是诺贝尔的发明，想必不是马虎草率的东西。"

"组合成分呢？"

"据说是硝化甘油和火药棉。"

"是无烟火药的火药棉吗？"

"是的。"

"就是以前我国发明的那种火药吗？"

"不完全相同。"

"我国自制的那种火药，使用效果如何？"

"很不错。"

"是吗？那我们法军就不必用外人发明的火药了。而且为了维持我国的威信，也该使用自制的那种火药。"

"是的，长官说得有道理。"

法国军部对诺贝尔的新火药虽有浓厚的兴趣，但由于诺贝尔显赫的声望遭到司令官的嫉妒，因此他不愿意购买新火药来助长诺贝尔的声望，认为使用自制的火药就足够了。

"报告司令官，诺贝尔是一位非常了不起的发明家，万一他的火药比我们的火药更具威力，那该怎么办？"

"嗯，这倒是很有可能的事，所以我们必须在新火药的制造尚未开展之前，施以压力破坏这项工作。"

"要如何采取行动，总司令？"

"你等着瞧，我一定会找到机会的。"

诺贝尔根本没有防到这一着，他仍继续研究并宣传飞行炮弹的新功能。此刻的诺贝尔虽留居在法国，但法国政府却明显地表现出对他所发明的火药漠然无视的态度。

"法国当局真是愚蠢！以前普法战争中惨痛的教训，仍未使他们觉醒。"诺贝尔对法国政府发出了充满失望的感慨。

当时最重视诺贝尔发明的国家是意大利，意大利政府希望能与诺贝尔建立商业往来关系。

"法国忽视我的发明没关系，只要有其他国家重视它、承认它，我就满意了。"

诺贝尔于是欣然接受意大利政府的要求，售货给意大利。

话题再回到法国陆军司令的办公厅。

"你看，诺贝尔真是个危险的小人，他住在我们国境内并且做起生意来，如今还想把重要的军事装备卖给其他国家，这成什么话！"陆军司令气势凌人地说。

"是呀，如果再不加以制止，恐怕利益将尽归他国！"

"我们要先下手为强！"

向诺贝尔购买飞行炮弹的意大利政府，进一步希望在国内制造这种新火药，于是要求诺贝尔出售专利权，并向他请教制作火药的方法。诺贝尔欣然应允，并以50万里拉作为交换条件。

"诺贝尔竟敢把火药制造方法售给意大利，真是可恶！快，快想办法制止他。"得到消息的法国陆军司令正式下令处置诺贝尔。

"用什么罪名？"参谋长问道。

"就以违反法国火药公卖法为由，封闭他的工厂，并将所有机械工具等一律没收。"

"是！"

一天早晨，当地警察闯入了诺贝尔工厂的实验室。

"这是怎么回事？"诺贝尔深感诧异地问道。

"你违反了火药公卖法，现在我们要查封你的工厂。"警员喃喃地念着查封书上的理由。

诺贝尔勃然大怒地说："真是笑话！什么叫违反公卖法？我多年来一直从事这一行业，曾给法国带来不少利益，你们竟来封闭我的工厂，简直是无理取闹！"

"你不必多费口舌，我们只是奉命行事罢了！"

警察们开始动手执行任务，诺贝尔向他们提出了严厉的抗议。

在街头执勤的法国警察

"这是我私人的研究室,不属于工厂任何一个部门,你们擅闯民宅,难道不怕违犯法令?"

然而警察对诺贝尔的抗议丝毫不予理会,他们一拥而入,把药品、实验器具及小型大炮统统带走。

"真是无法无天,岂有此理!随便捏造一个罪名诬告我、破坏我的工厂,这么下去真正会遭受重大损失的是你们法国。我也不想再逗留在这种国家了!"

诺贝尔决定离开久居的法国。他希望能够回到故乡瑞典去,但是在意大利的飞行炮弹火药工厂已告竣工,而且意大利是一个气候温暖的国家。经过再三地考虑,他终于决定前往意大利定居。

诺贝尔收拾好研究所中残余的物品,起程前往意大利的圣雷莫成立研究所。

诺贝尔的飞行炮弹炸药并未因法国的破坏而一蹶不振,反而受到世界各国的承认与重视。1884年他被推举为瑞典皇家科学协会会员，接着又成为英国伦敦皇家科学协会会员，法国巴黎的技术学会也邀请他成为会员。

诺贝尔从此定居在意大利。

没想到飞行炮弹给诺贝尔又带来一件不愉快的事情。

有一天，诺贝尔正在阅读一份英文杂志，突然吃惊地问道"这是怎么搞的？可鲁特炸药和我的飞行炮弹不是一样的吗？阿培尔怎会做出这种事来？"

"阿培尔怎么了？"旁边的助手问道。

"这份杂志提到阿培尔对火药棉的特殊贡献，说他将火药棉和硝化甘油及少量凡士林混合制成胶质炸药，塑造成各种形状，这些全都是很早以前我告诉他的。"

"他们在发表的文章中说这些都是阿培尔的发明吗？"

"是啊。"

"阿培尔和诺贝尔先生双方很早就有来往，在火药研究方面也常交换意见。他对飞行炮弹配方的成分自然很清楚，如今竟窃为己有，真是太不应该，太没有道义了！"

诺贝尔气愤之余，立刻向英国提出控告，说明阿培尔的可鲁特炸药，事实上已包括在他所发明的飞行炮弹专利范围之内。

虽然法院受理了这个案件，但英国当局拒不承认。因此可鲁特炸药竟成了英国人的发明。

这件事情成为诺贝尔一生中最严重的创伤，他为此深感遗憾和痛心。尽管在法国曾受到非礼的迫害，财物损失不赀，但他的名誉丝毫未受损害。如今他辛勤努力获得的精心创作，却轻易地被人剽窃，变成别人的荣耀。对于一个科学发明家来说，这是无法忍受的。

诺贝尔终于因过度忧郁而病倒了。

在这段沮丧的日子里，他曾写信给住在英国的朋友。

"人不该只为一点损失就小题大做，我也不例外。如果是个人，做错事还情有可原，但堂堂一个国家却罔顾道义，我实在无法想象他们何以还能安然立足于世？真是荒谬至极！因为此事，我在法庭上诉失败，赔偿了28000英镑，哎，我真是一个可怜又可笑的发明家！"

从这封信的字里行间，我们可以体会到阿尔弗雷德那种激愤、失望的心情以及无法平定的悲伤。

但由于他制造的无烟火药具有最佳性能，因此世界各国均竞相采用。意大利、德国、奥地利、瑞典、挪威等的陆海军无不为飞行炮弹欢呼，甚至英国也不例外。

诺贝尔因为飞行炮弹而遭受到许多横逆、阻难，但同时飞行炮弹也为他带来为数可观的财富。

博爱情怀

追求幸福是人类的欲望,享受幸福是人类的权利。

——诺贝尔

孝敬双亲

前面一再提起诺贝尔伟大的发明事迹,现在让我们了解一下诺贝尔的双亲及兄长的情况。

在 1864 年那次突然的爆炸中,痛失幼子的伊曼纽尔健康情形每况愈下。

虽然他一直卧病在床,但并未因此而失去发明家的天生性格,仍不断地思索着新机械的模式。他在此期间曾经发明了合板,这就是他晚年的生活情形。

诺贝尔非常关心父母的健康,尤其不想让年迈的双亲在生活费用上发生问题,所以,他每个月都汇足够的生活费用回斯德哥尔摩,一直持续到父母去世为止。因此,尽管伊曼纽尔身体欠佳,不能工作,但老夫妻俩的生活不曾匮乏。

这对年老的夫妇对儿子们的成就异常满足,常常在邻人面前提起,尤其是对三儿子阿尔弗雷德,更是引以为荣。

"他所发明的甘油炸药……"伊曼纽尔一开口总离不了这句话。

"哦,老伯您又来了。"经常听他提起此事的人,都不禁莞尔一笑。

母亲也常常会说:"阿尔弗雷德实在是一个孝顺的孩子呀。"

"是呀！如果不是他一直在照顾我们的生活，我们怎么能如此安心地过日子呢？"父亲也开心地与母亲一唱一和地说着。

阿尔卑斯山纯净无暇的雪地温泉

阿尔弗雷德年轻时，曾因身体孱弱而到阿尔卑斯山附近温泉地去静养，他发觉那是一个清静舒爽、适合休养的地方，所以他也希望父亲能到温泉地去，期望他能早日恢复健康。于是，他寄回了足够的医疗费用，要母亲陪同着父亲一同前往。

每逢父母生日或是圣诞节，阿尔弗雷德一定会回到斯德哥尔摩父母的身旁，与他们共同庆祝。

"太难得了，你始终没有忘记我们！"

"我实在有太多的感激与快乐！"父亲和母亲把发自内心的喜悦之情告诉阿尔弗雷德。

"我时常惦记着你们，但平常工作实在太忙了，又有许多的研究工作在等着我，能抽空回来一趟看看您二位老人家，是我最高兴的事。"诺贝尔这样回复双亲的话。

"你一直都孤孤单单地一个人生活吗？"母亲偶尔会向阿尔弗雷德提起此事。

阿尔弗雷德略显为难地说："我还没有结婚，所以这里永远是我唯一的家。"

当年阿尔弗雷德第一次到巴黎留学时，曾结识了一位美丽的少女，他们因相识而相爱，但天命无常，病魔夺走了那位少女青春的生命，留给阿尔弗雷德伤痛的记忆久久挥之不去。从那时候起，他就无意再去追寻爱情了。

"阿尔弗雷德，你也该找个对象结婚啦。这样我们也才能安下心来。"

"是呀，你知道我们是多么盼望着抱孙子呀！"父亲伊曼纽尔和母亲提出了要求。

但阿尔弗雷德什么也没说，只是用微笑来回答父母提出的要求。

工作异常忙碌的阿尔弗雷德，有时连父母生日或圣诞节都无法赶回二老身旁，遇到这种特殊情形时，他总不会忘记准备丰盛的礼物，指派专人送回斯德哥尔摩。

"圣诞礼物和糖果已收到，谢谢你。你送的礼物，妈妈非常喜欢，平安夜你舅舅也来了。我们大家都很高兴地享受着你送回来的食品。

"一直奉养我们、照顾我们、给我们幸福的儿呀！我们感谢神的眷怜。"

这是1871年圣诞节，父亲写给阿尔弗雷德的信的部分内容。

也就是从这一年起，伊曼纽尔的身体一天不如一天。

1868年，瑞典科学院曾颁给伊曼纽尔和他的儿子阿尔弗雷德一项亚斯特奖。

在当年，诺贝尔父子得到的这个奖杯，就像现在的诺贝尔奖一样，是颁赠给在文学、科学、艺术方面有所成就或对人类社会有所发明、有所贡献的人。

阿尔弗雷德因制造了甘油炸药而获奖，他的父亲伊曼纽尔也因为在硝化甘油炸药的制造过程中有过重要的贡献而受奖。

伊曼纽尔倾注一生于发明事业，总算得到了报偿。虽说他已近风烛之年，而且长年卧床不起，但能得到如此殊荣内心也足以安慰了。

1872年9月3日，伊曼纽尔与世长辞，享年71岁。

母亲仍留在斯德哥尔摩的老家，过着孤寂而平静的晚年生活。

父亲去世后，阿尔弗雷德更加关心母亲的生活，为了使她快乐而舒适地生活，每个月依旧从巴黎寄钱回来。遇到母亲的寿辰，他必定亲自赶回斯德哥尔摩，因为这是一年中母亲最快乐的日子。

在她的房间里，摆满了阿尔弗雷德送的礼物。

"这些都是阿尔弗雷德送的礼物。"母亲心满意足地告诉众人，而客人们也对已成为世界名人的阿尔弗雷德所送的礼物，感到格外的好奇。

闲居无事的母亲，偶尔也会到巴黎看看阿尔弗雷德。但由于自己年迈又怕妨碍了阿尔弗雷德的工作，她尽可能避免长途跋涉。

母亲晚年时最感兴趣的事，就是参加慈善工作来救助穷苦的人们。每当阿尔弗雷德寄钱回来，她都会取出一部分捐助给慈善机关。她从这件事中能得到最大的满足与安慰。

母亲写信告诉阿尔弗雷德说："世界上值得同情、救助的可怜人太多，这个月我为他们花去太多的金钱，已经没有多余的存款了。"

"这是很有意义的事，您对穷苦的人施以慈善之心，也就像帮助我一样。"阿尔弗雷德回信告诉母亲。

卡罗琳娜女士就这样在丈夫伊曼纽尔去世后的17年间，在斯德哥尔摩过着祥和、满足的生活。

1889年12月7日，她也结束了漫长的人生旅途。

由于阿尔弗雷德已经是举世闻名的发明家，而其他的孩子们也都是著名的大企业家，当母亲的也能毫无挂虑地放心离去了。

母亲虽拥有富裕的生活条件，但却不奢侈，她把多余的钱存在银行里,当她去世后银行里尚有高达 84 万克伦的存款。

阿尔弗雷德把这笔钱以母亲的名义捐给了瑞典的学校和社会慈善机构。后来阿尔弗雷德把自己所有的遗产作为诺贝尔奖的基金,也是因为受到母亲这种品质潜移默化的影响。

资助穷人

据说阿尔弗雷德·诺贝尔是一个性情孤僻的人,但我们不能就此断言诺贝尔讨厌与人共处。大凡具备超人智能的人物,似乎都有不易被人了解的个性。

诺贝尔的卓越才智虽然令一般人对他的评价很高,但人们却大都对他敬而远之,即使有机会共处也不敢与他恣意谈笑。

诺贝尔尤其喜欢独立完成各项研究,有时虽不免需要助手,但对于别人所做的各项试验,他总是不能完全信任。也因此只要实验室中多了别人,他的情绪就会受到影响而显得暴躁。难怪人们会以为他是个孤僻、讨厌别人的怪物。

诺贝尔四十二三岁时,雇用了一位女秘书叫贝露妲,她与诺贝尔共事期间,唤醒了他心中的和平主义,也间接地促使了诺贝尔奖的创立。

后来成为雷多纳夫人的贝露妲女士曾有如下的一段描述:

我因看见报纸人事栏中征秘书的启事,才成为诺贝尔先生的秘书,报纸上登载着"老主人"征女秘书……看了这段广告,我自忖主人一定是个白发苍苍的老人。但使我大为惊讶的是,诺贝尔先生竟是一位四十多岁的中年人。从这一点就可以知道他个性的怪异!

他身材不很高,皮肤略黑,虽没有第一眼就能留给人好印象的英俊外表，但却具有异于常人的气质。

表情虽然不是很开朗大方，但他蓝色的眼睛里充满着热忱，给人一种柔和、真诚的感觉。声音似乎有点低沉哀伤，言语中常带有讽刺的意味，所以很多人认为他不容易相处。第一次见到诺贝尔先生是在巴黎的一个旅馆中，因事先我们一直有书信往来，所以见了面彼此心中都有几分熟识，不至于出现太尴尬的场面。我们也谈了许多有趣的问题。

诺贝尔和平奖奖牌

诺贝尔先生是一个知识丰富的人，这从工作中很容易看得出来。他头脑灵活、聪明、反应迅速，平时也有幽默的一面。

他虽是一位科学家，但也有相当的哲学知识。他喜欢浏览哲学书籍，具有独到的人生观。

虽然他有风趣的一面，但脸上经常露出忧郁的神色，使人误以为他不喜欢人群。每当这种时候，他就显得更孤独、寂寞，因为没有人会自动找他聊天。

诺贝尔先生究竟有多深厚的教养与内涵，不可得知。但他好像无事不通。他是瑞典人，可是俄语也能说得像祖国语言一般正确流利，书写得也很顺畅。其他如英语、德语、法语也都能说写自如，用句自然而生动。

诺贝尔先生就是这样一个学识渊博的人，至于他的发明才能，并非三言两语可以尽述。

诺贝尔在听到别人对他的批评时，会自揄地说："要说我讨厌别人、对人缺乏诚意，就任他们说吧。那些人只不过是穷极无聊，喜欢卖弄唇舌罢了！但说我喜欢哲学更甚于吃饭，那倒是事实。"

此外，也有人问到他语言方面的才能。"诺贝尔先生，听说您是位语言天才，您一共能说几国语言？"

诺贝尔笑着回答："也许英语我比较差一点，其他还算差强人意。不过，会话的能力很差，至于书写方面因为有打字机代劳，方便不少。"

"听说您精通好几国的语言？"

"那是因为我不愿意告诉别人我不会，只要别人能忍受，不论是好是坏，我都敢胡说一通。"

也许这是诺贝尔自谦之词，但我们仍可看出他对自己充满自信。

有一位助手曾经说过："很多人都认为诺贝尔先生不喜欢与人相处，其实他是最能替别人着想的人。"

"我本来是诺贝尔先生的秘书，但却无法称职。因为我喜欢化学，经常跑到实验室里看诺贝尔先生的研究过程，无法恪尽职守。但诺贝尔先生不仅没有责怪我，反而把我调到实验室来，使我有更多的机会接触实验作业。"

"我并不能经常把实验做得完美无缺，但诺贝尔先生从没有埋怨过我的愚蠢，反而处处指导我、照顾我。"

"他不但不讨厌别人，而且还极富人情味，处处体谅别人。"

由这位助手的一番话，足以看出他对诺贝尔先生由衷地尊敬与感激。

提到他的善解人意，这与他的母亲有很多共同之处。他经常慷慨地捐助慈善事业，在这上面他毫不吝啬，很多穷人都受到他很大的帮助。

雷多纳夫人后来提倡世界和平论，积极宣传和平主义时，也曾向诺贝尔先生筹募款项。诺贝尔说："我认为一个和平主义者，期待以宣传来达到和平的理想是绝不可能的！"

他虽笑着表示了他的观点，但仍大方地捐了不少钱。

诺贝尔不善于交际应酬，但他待人接物的亲切诚恳，可由许多事例中得到证明。

在一个天气晴朗的下午，巴黎市区的林荫大道上，一辆豪华的马车徐徐驶来，在街头的转角处戛然而止。走出车门的是一位五十来岁的老绅士，在他瘦小的躯体上，穿着一件古式的黑色西装，领口打着整齐的蝴蝶结，头上还飘着些许白发。他就是阿尔弗雷德·诺贝尔。

19世纪的马车

诺贝尔有时会拄着拐杖，在人行道上短程地漫步。

他为何要选择晴朗的天气，在晃动的树影下听着稀稀簌簌的风声，在林荫道上缓步慢行呢？

原来在他那黑色西装口袋中，装有一封少女的来信。

> 我不知道如何才能表达内心的感激。您使我重见光明，得以在阳光下继续生存，今后请不要再为我担忧。如果您经过索里普街，别忘了到店里来玩，哪怕只是一声'你好'，我也就心满意足了！

这是一位曾接受过诺贝尔帮助的瑞典少女所写的信。在一个飘零异国,又没有父亲的家庭里,除了那位少女外,其他家人全无谋生能力。

她必须靠着瘦弱的双手来养活母亲与弟弟,至于同为他乡之客的其他同胞,竟无人向她伸出援手。

基于同情心与对同胞的爱护,诺贝尔除了给予金钱资助外,还为她介绍了一份店员的工作。

少女在异地体会到有如亲情般的关爱,自然抑制不住内心的感激,因而写了这封情辞恳切的道谢信。这封信,竟使诺贝尔情不自禁地流下了眼泪。

"真是可怜的孩子,缺少温情的照顾。如果我去看她,不知道她会多么地快乐!"

这个念头闪过脑际,他立刻坐上马车,来到索里普街。

"如果直接坐马车到店门口,她会猜到我是特意来看她的,心中一定会感到不安。"

他叫马车停在街头,自己踱着方步在林荫大道上行走。来到一个商店门口,他停住脚步,脱下黑色呢帽,然后向里面打了个招呼。

店里一位如小鸟般轻盈、喜悦的少女飞奔而出。她惊喜地说道:"啊,是诺贝尔先生!"

诺贝尔的突然出现,使她兴奋得不知道如何是好。等她定了定神,便开始与这位仁慈的长者亲切地交谈。

难得听到乡音的诺贝尔,此时也感到格外高兴。

"看到你活泼健康,工作愉快,我也就放心了。但还是要多保重,以后我若再路过此地,一定会进来看你的。"

"您可不要忘记哦,欢迎您常来!"少女笑的满足而甜美。

阿尔弗雷德拄起拐杖,慢慢走向街头,坐上马车,渐渐地消失于远方。

第二天,诺贝尔就收到了一封来信。

我以为没有机会再见到您,就是您答应要来看我,我也不敢奢望成为事实。但您真的来了,使我高兴得忘了心中想说的许多话。

我真希望能为您做点事情，只要您有需要我的地方，我都乐意效劳，赴汤蹈火，在所不辞。

在世界上，除了母亲和小弟马克之外，您就是我唯一的亲人了！

彼此纯挚地关爱，使出生于瑞典的老发明家与贫穷少女，建立起深厚的友谊，成为忘年之交。从此，阿尔弗雷德经常出现在少女工作的店里。

诸如此类的救助，诺贝尔从不吝惜，也正因此，在他桌上长年堆积着一沓沓的感谢函。这些信为诺贝尔的生活增添了不少温馨，也驱走了不少孤寂的岁月。

诺贝尔慷慨、富有之名，很快地传遍了各个角落，因此要求他金钱上资助的穷人络绎不绝，但诺贝尔从不感到厌烦，总是尽力去帮助他们。

每天都有大群的贫民等候他的救济。时间长了，便使诺贝尔深感为难，有点无所适从了。他曾在写给哥哥的信上谈起这件事："我每天收到的求助信不下20封，估计一天支付救济费约2万克伦以上。一年下来就得花用700万克伦。长此下去，恐怕世上最富有的人也招架不住了！"

尽管如此，诺贝尔仍尽力帮助穷困的人，可恶的是这些人之中总是夹杂着一些诈骗之徒。

遇到这种情形，使他不得不对人类黑暗的一面感到愤怒、羞愧与极端地厌恶。

诺贝尔时常单独外出作短期的旅行，享受远离尘嚣的隐居生活。

也只有在他善良的心蒙受欺骗时，他才会热切地希望远离人群，寻找片刻的安宁。

现在我们来谈谈贝露妲女士的事。

贝露妲女士的介入，对诺贝尔一生来说起着一个重要作用。

倘若诺贝尔不曾结识这位精明能干的女士,终究只能称为一个因火药而致富的富人罢了!辉煌的诺贝尔奖的设立,正是这位女士潜移默化影响的结果。她一直在默默地努力,是促成诺贝尔奖设立的无名英雄。

贝露妲·金丝姬生长在维也纳没落的贵族家庭,贫穷并没有夺去她高尚的教养与才能,她文雅有礼又精通外国语言。

资料链接

维也纳

维也纳是奥地利首都、著名音乐城市、国际旅游胜地,位于国境东北部阿尔卑斯山北麓多瑙河畔,坐落在维也纳盆地中。维也纳是奥地利最大的城市,同时是欧洲最古老和最重要的文化、艺术和旅游城市之一。多瑙河从市区静静地流过。著名的维也纳森林从西、北、南三面环绕着城市,辽阔的东欧平原从东面与其相对,到处郁郁葱葱,生机勃勃。维也纳环境优美,景色诱人,素有"多瑙河的女神"之称。

19世纪的维也纳

公元前维也纳是凯尔特人居民点。公元 1 世纪，罗马人曾在此建立城堡。公元 881 年以"维尼亚"首见记载，12 世纪成为手工业和商业中心，13 世纪末至 1918 年是哈布斯堡王朝的首都，以后是奥地利首都。1137 年为奥地利公国首邑。13 世纪末，随着哈布斯堡皇族兴起，发展迅速，宏伟的哥特式建筑如雨后春笋般拔地而起。15 世纪以后，成为神圣罗马帝国的首都和欧洲的经济中心。18 世纪，玛丽亚·铁列西娅母子当政期间热衷于改革，打击教会势力，推动社会进步，同时带来艺术的繁荣，使维也纳逐渐成为欧洲古典音乐的中心，获得了"音乐城"的美名。1945 年起曾由苏、美、英、法分区管理，1955 年与奥签订《重建独立和民主的奥地利国家条约》后四国军队撤退。

1873 年，她在奥地利贵族雷多纳氏家中担任家庭教师。这期间，她与雷多纳家的长子阿萨双双坠入情网，但因阿萨母亲雷多纳夫人极力反对，她毅然离去。因此，她才有机会结识阿尔弗雷德·诺贝尔。

有一天，报上刊登着一条"巴黎有教养的老主人，诚征精通外语的女秘书兼管家的招聘启事。"

贝露妲看到这段启事后，立刻前往应征，并很快地接到录取通知，通知上的署名是阿尔弗雷德·诺贝尔。

"诺贝尔，好熟的名字！"

"阿尔弗雷德·诺贝尔，难道你忘了，他就是大名鼎鼎的炸药发明人啊。"贝露妲的朋友不禁兴奋地提醒她说。

"炸药？他必定是个很可怕的人物。"

"你可以先与他见面，然后再作抉择，也许他是个好人呢。"

贝露妲与诺贝尔会面的情形，前面已经提过。他并不是一位白发老翁，而是 40 岁出头的中年人，此时的贝露妲也不过才 33 岁。

诺贝尔十分赏识具有高深教养、富于文学知识，又精通外语的贝露妲，因此立刻录用了她。

贝露妲受雇以后，曾把她对诺贝尔的感觉告诉给朋友们：

> 诺贝尔先生非常的富有，在巴黎有一栋豪华住宅。他的生活起居，从不受别人干涉，性情孤僻而坚持着他的独身主义。
>
> 家中的陈设富丽堂皇，有最上等的家具、装潢及厨房设备，并雇用一流厨师，可谓极其奢侈。像他这么有钱的富豪，难免要铺张一番，这也是人之常情。
>
> 他有豪华的马车和俊美的健马，他经常喜欢独自一人驾车出游。在这方面他喜欢单独行动，从不愿邀人同行；但对诗歌和小说方面，他知道如果没有交流的话，则会孤陋寡闻，所以他需要共同研读的伙伴，凡是有文学家聚会的地方，他必前往参加。
>
> 我时常与诺贝尔先生论及文学，他特别喜爱雪莱的诗文，并且深受雪莱和平主义的影响。
>
> 但我永远无法了解诺贝尔先生为何从事与他的和平思想完全背道而驰的火药事业，每当我问及此事，他总是苦笑着说："你以后会明白的。"

担任诺贝尔的女秘书，贝露妲感到称职而且愉快。

另外，虽然她离开了雷多纳的贵族家庭，但仍与阿萨有密切的信件往来，直到阿萨向她提出结婚的要求，她才告别诺贝尔，成为贝露妲·雷多纳夫人。

婚后的贝露妲随丈夫前往高加索，这时正值俄国与土耳其激战时期。

亲身经历了战争的残酷、无情，使她深深体会到消灭人类最大的罪恶与不幸——战争，是全人类共同的责任。

阿萨是一个成功的战地记者，贝露妲·雷多纳夫人则善于写小说。夫妻俩的知名度随着作品的发表而渐渐地提高。

由创作联想到借文章来宣传和平运动的贝露妲·雷多纳夫人，把诺贝尔视为资助和平的第一人。

"诺贝尔先生虽然性情有点儿古怪，但他不愧是一位伟人。他富有人情味，又是成功的企业家。如果他肯为和平运动尽点力，必能收到事半功倍的效果。"贝露妲·雷多纳夫人心中盘算着。

"就这么决定吧，邀请诺贝尔先生加入和平运动的行列。"

贝露妲·雷多纳夫人想到这里露出会心的一笑。

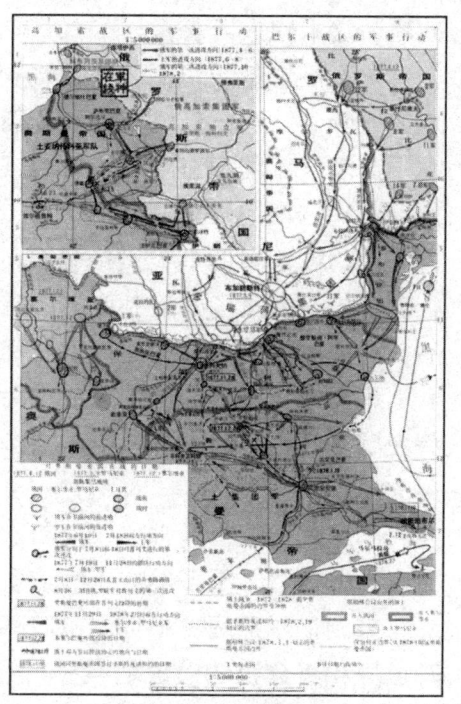

俄土战争作战地图

此后她就经常通过书信与诺贝尔交换意见。

诺贝尔对她的抉择深表赞许，但自身并没有参加和平运动的打算。

雷多纳夫妇得知伦敦有个"国际和平调理协会"正热烈开展和平运动，于是两人毫不犹豫地加入这个行列。

但诺贝尔不想与任何和平运动发生关系，他的原则是："我要完成我心目中足以遏止战争的强力火药！"

不过，对于贝露妲·雷多纳夫人的所作所为，诺贝尔的敬重之心与日俱增。

贝露妲·雷多纳夫人认为，透过小说暴露出战争的悲惨事实，是她目前所能做到的最有意义、最有价值的事了。于是她从各方积极展开搜集、取材的工作，不仅翻阅有关书籍，还四处征询亲历战争者的感受，经过多方摘录综合，终于完成了《丢下

武器》这本惊人巨著。

　　这本小说出版以后，非常畅销。贝露妲·雷多纳夫人立刻声名大噪。她的著作被译成12国语言，遍及世界各地。

　　这是一部能真正将战争的丑恶、罪孽诉诸世人的伟大写实作品。

　　托尔斯泰对此书也赞扬备至，他说斯陀夫人的著作《汤姆叔叔的小屋》揭发了奴隶制度的黑暗，而贝露妲·雷多纳夫人的作品，则把战争的罪恶描述得淋漓尽致。

　　贝露妲·雷多纳夫人把这本小说赠给诺贝尔阅读。诺贝尔深受感动，也因此对贝露妲·雷多纳夫人的和平主义有了更进一层的了解。

　　不久，在瑞士首都伯尔尼首次召开贝露妲·雷多纳夫人和平会议，贝露妲·雷多纳夫人写信邀请诺贝尔参加。

　　来到伯尔尼后，诺贝尔暗叹瑞士的美丽景色，这里确实是召开世界和平会议的最佳地点。

　　但诺贝尔只是欣赏了瑞士的天然景色，并未出席会议，只在会后详细研读了记录报告。

　　他对贝露妲·雷多纳夫人说："我过去的想法似乎有点偏差，要防止战祸的发生，并不是如我想象中的用强力炸药就能收到遏阻的效果。无论多么可怕的武器都无法达成和平的愿望，只有您那远大的理想，才是通往和平的大道。"

　　"诺贝尔先生，能使您对和平运动有新的认识，是我们最大的收获，也促使我们的努力更向前迈进一步。"

　　此刻贝露妲·雷多纳夫人心中的喜悦有如大获丰收的农夫一样。

　　"以后还请您偏劳赐教，我很愿意为和平运动与你们共勉，我必须为世界做件有意义的大事。"

　　从此刻起，一个未成形、无法捕捉的构想，开始在诺贝尔心中忽隐忽现，他决心要把庞大的财产留给对人类和平、幸福有着伟大贡献的世世代代。

"这正是我能力可及的最大的和平事业，同时也稍微可以弥补我内心长久以来对伤亡者的歉意。"

这些事情，他在遗嘱中将会有明白的交代。

1896年，阿尔弗雷德·诺贝尔因心脏衰弱，处于生命危险的边缘时，曾写信给贝露妲·雷多纳夫人："眼看你的和平运动进展神速，我紧握双手，为你欢呼、喝彩，愿你早日达成理想。"

贝露妲·雷多纳夫人在无形中推动诺贝尔奖成立的过程，我们从这些事实中可以看到。

相信没有人会反对贝露妲·雷多纳夫人成为诺贝尔和平奖的得主。1905年，这位深受众人尊敬的贝露妲·雷多纳夫人，荣获了诺贝尔和平奖。

文学爱好者

诺贝尔自幼就喜爱文学，在忙碌的工作中，他常常偷闲阅读小说或作诗。

文学与科学似乎是两种完全无关的知识领域，但实际上它们并不是如大家所想象的有天壤之别。历史上是科学家又兼具文学才华的人并不在少数。

德国的歌德，堪称是一位伟大的诗人文学家，但他也精通植物学和色彩学。

知识链接

歌 德

约翰·沃尔夫冈·歌德（1749～1832）是18世纪中叶到19世纪初

德国和欧洲最重要的作家、诗人。他一生跨越两个世纪，正当欧洲社会大动荡大变革的年代。封建制度的日趋崩溃，革命力量的不断高涨，促使歌德不断接受先进思潮的影响，从而加深自己对于社会的认识，创作出那个时代最优秀的作品。

歌德1749年8月28日出生于法兰克福镇的一个富裕的市民家庭。曾先后在莱比锡大学和斯特拉斯堡大学学习法律，也曾短时期当过律师。他年轻时曾经梦想成为画家，在绘画的同时他也开始了文学

歌　德

创作。但是在他看到一些意大利著名画家的作品时，他觉得自己无论如何努力都不可能与那些大师相提并论，于是开始专注于文学创作。1775～1786年他为改良现实社会，应聘到魏玛公国做官，但一事无成。1786年6月他前往意大利，专心研究自然科学，从事绘画和文学创作。1788年回到魏玛公园后任剧院监督。

歌德是德国狂飙突进运动的主将。他的作品充满了狂飙突进运动的反叛精神，在诗歌、戏剧、散文等方面都有较高的成就。主要作品有剧本《葛兹·冯·伯里欣根》、中篇小说《少年维特的烦恼》、未完成的诗剧《普罗米修斯》和诗剧《浮士德》的雏形，此外还写了许多抒情诗和评论文章。

歌德在魏玛公园的最初10年，埋头事务，很少创作。到意大利后，他陆续完成了早已开始的一些作品，写出了《在陶里斯的伊菲格尼亚》和《哀格蒙特》等，也写了《塔索》和《浮士德》部分章节。

歌德晚年的创作极其丰富，重要的如自传性作品《诗与真》、《意大利游记》、长篇小说《亲和力》和《威廉·麦斯特的漫游时代》、抒情诗集《西方和东方的合集》。逝世前不久，又完成了《浮士德》第二部。这些作品表现了歌德重视实践、肯定为人类幸福而劳动的思想，说明他思想中的积极因素比前一时期有所增长。

1832年3月22日，歌德病逝。歌德是德国民族文学最杰出的代

表，他的创作帮助德国文学提高到全欧的先进水平，并对世界文学的发展做出了巨大的贡献。

文学家所具有的丰富想象力，在科学世界中能够产生很大的作用；科学家敏锐的观察力，也能在文学领域里发挥剖析社会形态的功能。

诺贝尔具有多种才能，或许在发明事业上的构想，正是他文学幻想的倒映。

少年时代的诺贝尔，曾深爱英国诗人雪莱的作品，根植在他内心的和平、博爱思想，一部分就是源自雪莱思想的熏陶。

成为一个文学家也是诺贝尔的一个愿望，所以他广泛吸取各国的文学知识。

这也难怪诺贝尔奖中设有文学奖这一项。因为他深知文学在人类世界中占有着与科学同等重要的地位。

诺贝尔一生中曾接触过许多文豪，也看过许多文学作品。他发觉莫泊桑的作品最能吸引他。他也欣赏易卜生融会童话故事于戏剧中的写作技巧。

易卜生

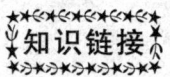

莫泊桑

莫泊桑1850年8月5日生于法国西北部诺曼底省的一个没落贵族家庭。莫泊桑出生不久，父母因感情不和而分居，他跟随母亲，在母亲身边度过了幸福的童年。10岁时，莫泊桑就开始听母亲为他朗读莎士比亚的作品。莫泊桑不少短篇都是母亲为他提供的题材，即便在他成名以后，母亲仍是他的忠实的读者和直言不讳的批评者。

莫泊桑的父亲偷香窃玉、穷奢极侈，侵吞母亲的财产，以致造成父母间关系的最后决裂。这就是莫泊桑日后写了大量以父母离异而造成家庭悲剧为题材的短篇小说的原因。

1869年莫泊桑通过中学会考进入巴黎大学法学院攻读法律。这一时期里莫泊桑查阅了形形色色的案例，这些案例也为他的文学创作提供了大量素材。

莫泊桑

可惜不到一年时间，普法战争爆发，莫泊桑受爱国主义感染，手持猎枪深入密林展开游击活动。时间虽短，但是印象深刻。此后，他创作了大量以普法战争为题材的作品。在他一系列描写普法战争的小说中，充分地反映了资产阶级的软弱无能，占领军无耻的荒唐行为以及一些"残忍"的农民的英雄壮举。他认为这一切都可以归结到一个滑稽可笑的恐怖世界上去。

从1872年起，莫泊桑定居巴黎。为了谋生，先后在海军部和教育部任职，长达数十年。这些经历使他对小职员的生活状况和精神境界有了深刻的认识，成为他日后创作的重要主题。

1874年，莫泊桑在巴黎福楼拜的寓所结识了左拉。后来又通过福楼拜的介绍结识了屠格涅夫。屠格涅夫曾替莫泊桑审读手稿，并鼓励他阅读俄国作家的名著。

1875年，25岁的莫泊桑首次发表小说《人手模型》，杀人犯的手做成的模型竟复活了，而且重又图谋不轨，最后"断手再植"方才平静下来。这篇小说受到福楼拜的批评，告诫莫泊桑不要向壁虚造，而要立足于生活。

1876年，左拉、莫泊桑、阿莱克西等人成立了自然主义文学集团，文学史上称其为梅塘集团。莫泊桑倡议每人以普法战争为题材写一篇小说，1880年结集出版，是为《梅塘之夜》。莫泊桑的成名作《羊脂球》即在其中。这是他公开发表的第一篇重要小说，一举成名。他真正的文学生涯自此开始。

莫泊桑的传世佳作大多是在1880~1890这十年间创作的。莫泊桑自1880年起偏头痛的发作日趋频繁，右眼的调节功能全部丧失，心跳紊乱，再加上他放浪形骸，因而宿命论和悲观主义情绪屡见不鲜。自1885年后，他转向长篇小说的创作。他的六部长篇小说中除了《一生》外，其他五部都是这个时期的创作。

到了19世纪80年代末期，由于莫泊桑思想上阴郁苦闷与绝望情绪的加强，以及法国文学艺术中颓废倾向对他的影响，不仅他的作品中的批判力量锐减，而且他观察研究社会现象的兴趣也日趋淡薄。他变得越来越内向。因此，社会的主题消失不见了，而人的内心世界、人的心理现象乃至病态心理成了他作品中的主要内容，如《皮埃尔和若望》、《我们的心》。

在此以后，莫泊桑除了原有的诸种疾病外，神经分裂症也渐渐恶化。1891年病情急转直下，求生的欲望使他四处求医，但又继续迷恋于放浪的生活。1892年1月2日，莫泊桑自杀未遂，渐渐失去康复的信心。五天后他被送入精神病院。1893年与世长辞，年仅43岁。左拉致悼词，预言莫泊桑的作品将不朽，将"是未来世纪的小学生们当做无懈可击的完美的典范口口相传"的故事。

步入老年的诺贝尔受贝露妲·雷多纳夫人的影响更深，并且结识了法国大文豪雨果。

✧知识链接✧

维克多·雨果

维克多·雨果（1802~1885）是法国文学史上最伟大的作家之

一，法国浪漫主义文学运动的领袖。他的一生几乎跨越整个19世纪，文学生涯达60年之久，创作力经久不衰。他的浪漫主义小说精彩动人，雄浑有力，对读者具有永久的魅力。

雨果1802年生于法国东部的贝尚松城。

1827年，雨果发表剧本《克伦威尔》及其序言。剧本虽未能演出，但那篇序言却被认为是法国浪漫主义的宣言，成为文学史上划时代的文献。它对法国浪漫主义文学的发展起了很大的推动作用。

维克多·雨果

1830年，雨果的剧本《欧那尼》在法兰西大剧院上演，产生了巨大的影响，确立了浪漫主义在法国文坛上的主导地位。

1830年7月，法国发生了"七月革命"，封建复辟王朝被推翻。雨果热情赞扬革命，歌颂那些革命者，写诗哀悼那些在巷战中牺牲的英雄。

1831年发表的《巴黎圣母院》是雨果最富有浪漫主义文学色彩的小说，也是他的代表作之一。小说的情节曲折离奇，紧张生动，变幻莫测，富有戏剧性和传奇色彩，表现了雨果对封建政府和教会的强烈憎恨，同时也反映了他对下层人民的深切同情。

"七月革命"之后，法国建立了以金融家路易·菲利普为首的大资产阶级统治的七月王朝。七月王朝不断对雨果进行拉拢，1841年雨果被选为法兰西文学院院士；1845年，路易·菲利普封他为法兰西贵族世卿，还让他当上了贵族院议员。雨果创作中的斗争热情减弱了，1843年，他写了一个神秘主义剧本《卫戍官》，上演时被观众喝倒彩，遭到失败。雨果为此沉默了将近十年没有写作。

1848年6月，巴黎人民举行革命，推翻七月王朝，成立了共和国。开始雨果对革命并不理解，但当大资产阶级阴谋消灭共和国时，雨果却成了一个坚定的共和主义者。1851年12月，路易·波拿巴发动政变，雨果参加了共和党人组织的反政变起义。路易·波拿巴上台后建立了法兰西第二帝国。他实行恐怖政策，对反抗者无情镇压。雨果也遭到迫害，不得不流亡国外。

流亡期间，雨果一直坚持对拿破仑三世的斗争，他写政治讽刺小册子和政治讽刺诗，猛烈抨击拿破仑三世的独裁统治。这时期，他先后发表了长篇小说《悲惨世界》、《海上劳工》和《笑面人》。

1870年普法战争爆发，法国在色当兵败之后，普鲁士军队直逼巴黎。在这国家危亡的紧要关头，雨果在流亡了十九年之后回到了祖国。他到处发表演讲，号召法国人民起来抗击德国侵略者，保卫祖国。他还用他的著作和朗诵诗歌得来的报酬买了两门大炮，表现了崇高的爱国精神。

巴黎公社起义时，雨果并不理解这次革命。但当公社失败后，反动政府疯狂镇压公社社员时，雨果又愤怒谴责反动派的兽行。他呼吁赦免全部公社社员，并在报纸上宣布将自己在比利时首都布鲁塞尔的住宅提供给流亡的社员作避难所。为此，他的家遭到反动暴徒的袭击，他自己险些丧命，但他仍然坚持自己的立场。

1885年，雨果逝世。法国人民为这位伟大的诗人举行了国葬。他的遗体被安葬在专门安葬伟人的先贤祠。

诺贝尔也曾致力于小说创作。或许你不相信诺贝尔会写小说，但这是千真万确的事，而且他的小说都是很好的作品。

还记得诺贝尔少年时经常写诗吗？可见写作是他的嗜好。30岁那年他以《兄弟》为题完成一部小说。后来因为目睹俄国虚无党的胡作非为，内心的反感激发他写了《非洲的光明时代》这部历史小说。

中年时期，他专心致力于发明工作，暂时抛开了写作，直到晚年，尤其是抱病卧床的那段岁月，他重拾文学旧好，完成了不少作品。

1895年，他以英文写成一部《专利病菌》的喜剧，又在临终前的1896年完成《报应》这出悲剧。

据说这些都是非常成功的小说剧本，在剧本写作上诺贝尔似乎有独到之处。这位孤寂的发明家，表面上与人群绝缘，事实上他对人性却有最深刻的了解。

就是因为深解人性，谙明事理，他才能创下光辉灿烂的事业。如果没有前述的条件，而只靠发明的才能，他是难以成功的。

对宗教的认识

诺贝尔的和平主义与宗教思想紧密地连成一体，他曾自我检讨说："只要战争存在一天，人们就会认为我是依靠战争发财的投机分子。要使战争连根拔除，必须在人心播下和平的种子，那么，宗教是否有益于和平事业呢？"

诺贝尔转移目标，开始向宗教进军。

圣彼得堡是基督教、希腊东正教的中心地，在俄国成长的诺贝尔对俄国所信奉的希腊东正教自然非常清楚。他认为东正教的宗旨，尚不能达到和平的理想境界，因此，希腊东正教被逐出诺贝尔的思想领域。

资料链接

东正教

东正教又称正教、希腊正教、东方正教，是基督教中的一个派别，主要是指依循由东罗马帝国（又称"拜占庭帝国"）所流传下来的基督教传统的教会，它是与天主教、基督新教并立的基督教三大派别之一。"正教"的希腊语（Orthodxia）意思是正统。如果以"东部正统派"的主要的和狭义的定义来分，"东部"教会里人数最多的教会是俄罗斯正教会和罗马正教会。而欧洲正教会最古老的则是希腊正教会。若是以英语系国家的西方人惯用的用法来分，"东部正统派"有较广的定义，也包含了"东方正统教会"。

早期的基督教在公元1054年发生了基督教大分裂，教会从这里分成东部和西部两个教会。双方都认为自己的教会才是由基督正宗使徒所开创的最原始的教会，并且都不让对方拥有这头衔。东部教会在自己的名称里头加上了"正"（正统）所表示的是他们认为

东正教的教堂

东正教会保留了最原始的教导和崇敬的教会传统。有些人认为罗马天主教会代表的是"西部传统"，然而持不同意见的人则认为罗马教会已经背离传统。

所有的东正教派教会都可以回溯他们的脉系直至五个早期的基督教会中心：罗马教会、耶路撒冷教会、安提阿教会、亚历山大教会和君士坦丁堡教会。虽然所有的东正教教会都承认君士坦丁堡牧首为最高领袖（正式头衔为君士坦丁堡，新罗马大主教和普世牧首），但是教会之间并不是完全一体，而是在彼此承认的状态下相互独立。

诺贝尔继续思考："到底哪一种宗教，才是和平的基石？"

基督新教在瑞典很兴盛，而且提倡和平的雪莱也是新教信徒，但诺贝尔仍没有发现新教中有导致和平的明显迹象。他察觉雪莱的理想主义与以往宗教信条有很大的差异。他曾自问："宗教力量是否真能解决和平问题？"

正因对宗教持着怀疑态度，所以有人认为他是一个无神论者。

在诺贝尔的观念中，无神论是一种错误的人生观。他认为："宗教是一种无形力量，存在于各个不同的民族与国家里，每当我沉思冥想时，似乎隐约地感受到一种力量在支撑着我，而

且世事的变迁、突来的灵感、人类文明的运行不已，似乎都受到这种力量的支配与推动。看来，世界和平的实现，宗教是不可缺少的力量！"

究竟哪一种宗教最完美？且该如何利用宗教来建立世界和平呢？诺贝尔真是绞尽脑汁。

世界上的宗教类别十分繁琐，就以佛教、伊斯兰教、基督教这三大宗教而言，基督教有新教、旧教之分，而犹太人却又信奉犹太教。佛教的门派则更是繁多。

资料链接

佛 教

佛教发源于距今约 2552 年前（一说 3000 年左右）的古印度。佛教的创始人是释迦牟尼佛，这个名号是从印度梵语音译过来的，释迦是仁慈的意思，牟尼是寂默的意思，寂默也就是清净的意思，佛是觉悟。释迦牟尼佛是北印度人，就是现在的尼泊尔，在印度的北方，西藏的南部。据经典记载佛圆寂时，世寿 80 岁零 2 个月。

佛陀讲经图

佛教发源于印度，传到中国后与中国的传统文化互相影响、吸收，发展为中国的民族宗教之一，成为中国封建文化的重要组成部分，对中国古代社会历史，对哲学、文学、艺术等其他文化形态，都发生了深远的、多方面的影响。

佛教正式传来中国是汉朝，非正式则更早，在周朝时已经陆陆续续传过来。正式的是国家派了使节到西域去迎请，礼请过来，是在后汉永平十年（公元 67 年）。最初来的两位法师，是竺法兰和摩腾，他们二位把佛教、佛像、经典第一次正式带到中国来，为中国朝野所接受。

佛教能够在东方地区广泛流传至今的主要原因之一是佛教本身的宗教思想与东方文化的吻合。我们特别要说的是佛教传到中国后，与中国文化的融合后发生的变化。实际上由于语言和文化上的差异，佛教的教义主要是通过佛经的翻译版本来传达的。古代佛经的翻译本主要是一些外来的传教僧人翻译的，最早的佛经的翻译可能是汉明帝时代的大月氏国来的迦叶摩腾、竺法兰在洛阳白马寺，译出的《四十二章经》。汉桓帝时安息国安世高和月氏国支谶，译佛经数十部，约一二百卷。灵帝时有印度竺佛朗也在洛阳宣讲佛经，并著有《牟子理惑论》，主张佛教思想与中国文化调和。佛经的翻译最著名的是印度名僧鸠摩罗什。

魏晋南北朝时期佛教逐渐在民间流传开来，另外还有其他的一些印度佛教派别也来到中国。如禅宗祖师菩提达摩就是这个时期来到中国的。达摩在嵩山少林寺隐居面壁九年的故事在中国广泛流传。

到唐朝时期（公元618～907年），印度的佛教已经发展了几百年，出现了多种佛教派别。在唐代，中国佛教的一件大事就是，在中国妇孺皆知的《西游记》中的唐僧——玄奘大师不远万里去印度取经。他回国后，唐太宗非常重视，安排了数千人参加玄奘大师的佛经翻译工作。因玄奘大师的弘扬，使印度后期佛教哲学和大、小乘佛教的经典，在中国得到广泛传播。

诺贝尔对着五花八门的各派宗教，开始进行精细的推敲工作："每一种宗教都有很好的教义，都规劝人类趋善去恶；每一个国家，每一个民族也都有笃诚的宗教信仰。既然如此，为何战争仍无法从历史上绝迹呢？"

他终于得到结论："每一个民族都坚信自己所崇拜的神才是宇宙间真正的主宰，他们蔑视其他的宗教信仰，因此争执、排挤不断地产生，严重破坏世界和平。

"不同的民族由不同的神来管辖，这是不可能的事。创造宇宙、主宰人类的神，应该只有一位。"

诺贝尔若有所悟:"各个民族因宗教而互相排斥,站在敌对的立场,这种行为真是可耻!"

诺贝尔相信人类应该共同尊奉同一个神。同样信奉耶稣,却有新、旧派之分,彼此间无法和睦相处,是人类的悲哀。

但这种问题不是一个人的力量所能解决的,自有人类以来,各民族坚持着自我的信仰而互相殴斗的事实与历史共存,它根深蒂固地潜伏在人类世界里,已不再是说理所能解决的了!我们应该从历史的演变中,研究根本解决之道,但这绝不是个人的力量所能成就的。

诺贝尔已经掌握了问题的根源,但是应该从什么地方入手呢?

被钉在十字架上的耶稣

诺贝尔认为上帝只有一位,信仰也只有一种,但世人却不以为然。他下定决心:"我该以我的信仰为出发点,以世界和平为目标,让宗教与理想相结合。"

于是诺贝尔摒弃狭隘的宗教观念,接受各种教义,尊重所有的信仰。他认为除了怪异的邪教,所有正当的教派都由同一个神主宰,它只是以各种不同的形态与各个不同民族的风俗习惯相配合。

诺贝尔认为不应该强调自己是某个宗教的信徒,必须采取接受所有民族、承认所有信仰的中庸立场;必须穿梭在各种宗教间,设法减少他们彼此间的摩擦,使他们安然共处。或许这种方法对世界和平能有帮助。

诺贝尔决定成为各教派间的润滑剂,拉近他们的距离,这使他忐忑的心情稍得安宁。

所以，有人若是认为诺贝尔是个无神论者，那就大错特错了！从他的抉择，我们就可以看出他是相信上帝存在的，只不过是没有笃信某一种宗教，这说明他理想的远大。

战争与和平的困扰

甘油炸药、硝化甘油系列的可塑炸药等强力爆炸物的出现，使火药事业起了显著的变化，并且从欧洲国家扩展到全世界。

"我这样做对吗？"诺贝尔心中虽然有满满的喜悦，却也难免充斥着不安、焦灼和自责的成分。

"我还要继续制造威力强大无比的火药吗？不！我不能，那种无法抗拒的威力，将使人类走向自绝之路。"此时艾米尔的惨况，又浮现在他的眼前，使他内心产生了严重的不安。

这位举世闻名的伟大发明家和企业家诺贝尔又产生了另一个想法："不要这么去想。科技文明的进步将永无止境，任何一种事业将如浪涛般不断地向前推动，火药事业不会因我的停止而滞留不前，它同样会继续壮大，迈向更新的里程。"

很快这样的念头又被他仁慈善良的一面所代替。

"硝化甘油、甘油炸药所造成的事故，不知牺牲了多少无辜的生命。普法战争中士兵惨重的伤亡，是历史上任何一次战争都难以比拟的。"

"这些惨痛的事件，难道不是我一手造成的吗？难道不是我的罪过吗？"

"不！即使我不发明炸药，它也会有出现的一天，只不过早晚问题而已。"

"但我不愿意让众人唾弃、指责，称我是罪魁祸首，带给人类无穷的灾害。"

复杂矛盾的情绪像乱丝般缠绕着诺贝尔。

"不要想这么多了，这些讨厌的问题会使我神经衰弱。"诺贝尔不想作茧自缚，只得如此自我安慰着。

从小就崇拜雪莱的诺贝尔，深受他博爱、和平主义的影响；但因父亲事业的关系，他自幼就出入于武器制造生产场所。他喜欢研究火药、设计机械，这两种极端的情况，使他感到矛盾、烦乱。

"火药是杀人的武器？"

"不！是开辟道路、挖掘矿石、促进文明的利器！"

"可是枪和大炮都因火药而使城镇、要塞被摧毁，士兵的伤亡更是不计其数。"

"但火药也使工业发达，改善了人类生活。"

"火药具备多种用途，只要正确地加以运用，它并不会危害人类。不论是用于战争或和平的途径，这都是使用者的事，与制造者完全无关。"

这样反复不定的思潮在诺贝尔心中翻滚着、激荡着。

"这样自责根本无济于事，这完全是战争带来的痛苦。只要避免战争，火药便是世上最完美的功臣，让可恶的战争绝迹吧！"

任何时代，都有热切盼望和平而愿为和平努力的人。诺贝尔年轻时也是一位热血青年，他曾为实现理想而参加和平运动。

通过和多数人交谈、请教专家学者及自身所得的经验，他知道单单靠和平运动，根本无法去避免战争。

"你们的理想虽然崇高可敬，但是世界和平只凭贴标语或演说的形式就能实现吗？就能使战争销声匿迹吗？我不相信！"诺贝尔如此对那些爱好和平的人士说道。

"诺贝尔先生，您放心好了！只要我们苦口婆心地向世人阐明和平之可贵及战争的罪恶，相信没有人会愿意让战争与人类共存的。"

"理论上也许如此，但世界并非如你所想的那般单纯，谁不憎恨战争带来的灾害？但它依然存在，这是无可避免的呀！"

"事实与理论虽有出入，但我们的努力不可能白费，我相信多少有几分作用才是。"

"或许吧！这样总比完全不做强得多，但高喊和平对消灭战争而言，仍是无济于事。"诺贝尔仍然坚持着。

由于对事实强烈的认知，诺贝尔不再参加无意义的和平宣传运动。但这并不表示他放弃和平主义，他只是想以另一种更有效的实际工作促使和平早日实现。

诺贝尔苦思着有什么办法能使战争与人类世界完全绝缘。

父亲健在时，诺贝尔曾向他问起过这件事："您认为如何才能使战争绝迹？"

"我真不知道如何回答你，因为目前我的工作正是制造能使战争全面获胜的有效武器。"父亲这样回答道。

"是否将来的人类会具有更高的智慧来遏止战争的发生？"

"我不这么认为，现代人类的智慧已经相当惊人。"

"兵器和火药不断地进步，将来一旦发生战争，人类岂不要灭绝了吗？"诺贝尔又问道。

"哈哈！你这种想法似乎严重了点。人们不至于那么傻，如果真的有足以毁灭人类的强力武器，他们就不敢轻易动干戈。正因为这种超威力的武器永远不会诞生，所以人类永远有战争存在，我们的诺贝尔公司才能永远生存。"父亲耐心地解释道。

"如果制造出像父亲所说的超级强力炸药，那……"诺贝尔对父亲的想法颇表赞同。

"对了，我何苦一再地内疚，我要继续不断地研究，直到能研究制造出威力十分强大的火药，以达到阻止战争的效果，这也是遏止战争的方法之一。而且火药能促进文明发展，改善人类生活，是有益于人类的发明。"

这样的念头，使诺贝尔错综复杂的思绪终于得到一点端倪。为了人类和平，他要继续研究，再发明更强大的火药。他暗下决心说：“我有信心完成更强大的火药发明，我必须在世界上留下和平的功绩！”

诺贝尔研究成功的硝化甘油、雷管、甘油炸药乃至果冻式的可塑炸药使火药得到革命性的更新，也正因为这种种伟大的成就，使他更有把握，更有决心和毅力去完成他的理想——制造足以遏止人类战争的强力炸药。

"我的发明，虽然被人们误用为战争利器，使许多人因此丧失宝贵的生命；但如果能被正确地利用，用来促进工业发展，使人类文化充满蓬勃朝气，那么它的功劳也不可抹杀。两者相抵，或许可以将功折罪吧！"诺贝尔这样安慰着自己。

诺贝尔的想法在当时是对是错，那是另一个问题；但以今天我们的立场来想，他的想法确实有可取之处。

自从原子弹、氢弹等具备不可思议的强大毁灭性的武器发明以来，人们深知其后果的严重。除了一些常规的战争和局部战争外，各大国一般不敢轻易发动大规模战争，否则只有同归于尽了，这正是所谓"以战遏战"的道理。

资料链接

原子弹

原子弹是核武器之一，利用能自行进行核裂变或聚变反应释放的能量，产生爆炸作用，并具有大规模杀伤破坏效应的武器的总称。其中主要利用铀235或钚239等重原子核的裂变链式反应原理制成的裂变武器，通常称为原子弹；主要利用重氢（氘）或超重氢（氚）等轻原子核的热核反应原理制成的热核武器或聚变武器，通常称为氢弹。

原子弹主要由引爆控制系统、高能炸药、反射层、由核装料组成的核部件、中子源和弹壳等部件组成。引爆控制系统用来起爆高能炸药；高能炸药是推动、压缩反射层和核部件的能源；反射层由铍或铀238构成。铀238不仅能反射中子，而且密度较大，可以减缓核装料

原子弹爆炸形成的蘑菇云

在释放能量过程中的膨胀，使链式反应维持较长的时间，从而能提高原子弹的爆炸威力。

为了触发链式反应，必须有中子源提供"点火"中子。核爆炸装置的中子源可采用：氘氚反应中子源、钋210铍源、钚238铍源和锎252自发裂变源等。原子弹爆炸产生的高温高压以及各种核反应产生的中子、γ射线和裂变碎片，最终形成冲击波、光辐射、早期核辐射、放射性沾染和电磁脉冲等杀伤破坏因素。

原子弹是科学技术的最新成果迅速应用到军事上的一个突出例子。1939年10月，美国政府决定研制原子弹，1945年造出了三颗。一颗用于试验，两颗投在日本。其他国家第一颗原子弹成功爆炸的时间是：苏联——1949年8月29日；英国——1952年10月3日；法国——1960年2月13日；中国——1964年10月16日；印度——1974年5月18日。中国第一次核试验以塔爆方式进行，用的是"内爆法"铀弹。1965年5月14日第二次核试验时，核装置用飞机空投。1966年10月27日第四次核试验时，核弹头由导弹运载。

自1945年原子弹问世以来，原子弹技术不断发展，体积、重量显著减小，战术技术性能日益提高。原子弹小型化对于提高核武器的战术技术性能和用作氢弹的起爆装置（亦称"扳机"）具有重要意义。为适应战场使用的需要，发展了多种低当量和威力可调的核武器。为改进原子弹的性能，发展了加强型原子弹，即在原子弹中添加氘或氚等热核装料，利用核裂变释放的能量点燃氘或氚，发生热核反应，而反应中所放出的高能中子，又使更多的核装料裂变，从而使威力增大。这种原子弹与氢弹不同，其热核装料释放的能量只占总当量的一小部分。高能炸药的起爆方式和核爆炸装置结构也在不断改进，目的是提高炸药的利用效率和核装料的压缩度，从而增大威力，节省核装料。此外，提高原子弹的突防和生存能力以及安全性能，也日益受到重视。

诺贝尔按照自己的观点，设法要完成他的理想。虽然他没有制造出足以遏止人类战争的火药，但他对人类文明进步的伟大贡献仍是不可磨灭的。

由于他事业上的成就，使他拥有大量的财富。这笔为数可观的财富在他身后都以争取和平为目的作为奖金，留于后世。

他设立诺贝尔奖，正意味着他至死不忘和平主义的实现。他一生鞠躬尽瘁，为世界和平努力的精神，将永远不会为人们遗忘。

和平的使者

人类从新发现中得到的好处总要比坏处多。

——诺贝尔

多方面的发明

诺贝尔从法国迁居到了意大利的圣雷莫。意大利是一个面临地中海的美丽国家,气候温暖,风景优美;绵延的海岸线,宽阔的土地,堪称是最适合做火药研究和炮弹试验的地方。

他在此建立了一个研究所,其中包括图书室、天秤室和发电所需的一切设备。此外,还有一座试验火药爆发速度的长铁桥,他曾利用天然连绵的意大利海岸做过可飞行4公里距离的火箭试射。

诺贝尔来到意大利后,心情平静舒

19世纪的地中海

适,不仅更能安心于火药的研究,对于曾闪现于他心中的许多构想,以及盘旋在心中一直无法着手的各项研究,也都能一一地进行了。

"真没想到,诺贝尔先生您除了研究火药外还制造人造纤维。"一个来到圣雷莫研究所参观的新闻记者惊讶地说。

"研究人造纤维也值得惊讶吗？"

"我认为似乎只有那些爆炸物品才能代表诺贝尔先生的事业，也才能成为引人注目的报道。"

"不会的，哪有这种道理？你看看这些线多美啊！"诺贝尔指着那些他发明出来的人造纤维对记者说。

"哦，原来这些美丽的线丝是从矿化纤维中提取出来的，这就不足为怪了。"听着诺贝尔的详细介绍，新闻记者明白了一些。

"你知道这个玻璃器上用来穿过细线的小洞是如何形成的？"

"这么小的洞，恐怕比针孔还细吧！"

"只要把纤细的白金丝放入玻璃中，等它成形后再用王水溶化其中的白金丝，就可留下这个小洞了。"

"我知道王水能溶黄金、白金等不易溶化的金属，它是硝酸和什么药剂混合的呢？"

"硝酸和盐酸。"

"真是奇妙的方法！"

其实在诺贝尔研究人造纤维的同时，有一位叫歇尔敦纳的法国人，已先完成了这项研究，而成为人造纤维之祖。

"这是什么？"新闻记者又指一件东西问诺贝尔。

"人造皮革。"

"怎么制造的？"

"它也是由火药棉与不易挥发的液体混合而成，质地柔软而轻便。我还有制作人造橡胶的打算。"

"诺贝尔先生，您提到火药用途极广，确实可用在许多方面吗？"新闻记者又把话题回到了火药上面。

"是的，我既然是一个和平主义者，与其发明危险的武器，不如把这些时间用在日常用品的发明上。"诺贝尔似乎不想回答这个问题，把话题转移了。

"我深表赞同。咦，这像砂的东西是什么？"

"这是氧化铝，制造人造宝石的材料。"

"人造宝石？"

"是的，红宝石和蓝宝石都是铝的氧化物，也就是氧化铝所构成的稀有玉石；但要使氧化铝溶解再凝固，需要在 2000 度的高温下才能达成。"

"哦，您是说完成人造宝石的过程，必须要在 2000 度高温下进行吗？"

"是的。"

人造宝石

"我想不透，诺贝尔先生，人造宝石和火药似乎一点儿也牵扯不上嘛！"

"不，它们有很密切的关系。当火药爆炸时，会产生高温，使气体膨胀，爆破物体。"

"我知道了，就是要利用火药爆炸所产生的高温使氧化铝溶解，以便制成人造宝石。"

"哈哈！您似乎不该当记者，倒很适合当个科学家。怎么样？是否愿意留下来作我的助手？"诺贝尔开玩笑地说。

"谢谢您，我觉得还是当我的记者比较习惯。对于宝石的研究您已得到预期的效果吗？"

"还没有，只能在显微镜下看到小小的颗粒。"

"用显微镜来欣赏宝石？那可真糟！"

关于人造宝石，后来由法国人柏诺力在 1904 年以氧和氢的合成燃烧产生高温的方式完成宝石的制作程序。现在世界各地可见的人造宝石，都是依照此法完成的。

由此种种，我们可以知道诺贝尔的研究工作不只局限于火药一方面。

"诺贝尔先生,过去您除了发明火药外,可还有其他产品?"

"太多了,我一时想不起来。"

"哦,多到这种程度吗?"

"是的,已得到专利权的就有355件。"

"啊,已经有355件取得了专利?"

"是的,如果把没有取得专利,或一时觉得有趣加以研究的全部包括在内,恐怕就不止此数了。"

"真是了不起!像我一件也发明不出来,真是惭愧。现在就麻烦您在许多发明中,列举一两件您印象最深刻的,作为我写作的参考。我希望能以《火药之外的诺贝尔》为题,作一次精彩的报道。"

"是吗?那我希望您的报道不要写得太玄妙、太离谱了!"

"这点您可以放心,我会据实报道。"

"刚开始,我并不局限于火药的研究,所以第一次取得专利的,也是我记得最清楚的,是23岁时发明的水压计量器。"

"水压计量器?真是奇特!"

"第二件是非水液体计量器。"

"都是计量器吗?"

"是呀,接下来就是晴雨计。"

"哦,就是气压计吧,现在已经从液体变成气体了。"

"后来我到了巴黎,在菲力巴哈先生那里继续研究。"

"研究哪一类?"

"不外是火药,但今天不谈这个。我另外还学习煮制硫酸的方法并研究冷却器,也设计液体汽化的装置、重油油灯,尤其是石油连续蒸馏法的发明,对我两位哥哥在俄国的石油事业很有帮助。"

"您的发明的确为数不少!"

"不只是这些,还有一项最特别的发明,在1878年取得法国专利。"

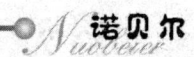

"是什么？诺贝尔先生，请快告诉我。"

"汽车自动刹车装置。"

"真妙！您也对机械感兴趣？"

"其实这也不足为奇。我本来就是个机械技师，曾经发明过汽锅。"

"诺贝尔先生，您脑部构造是否异于常人？谁都不相信普通的头脑竟能创造出这么多东西！"

"哈哈！不久我的铸铁精制法又得到英国专利，这是使铸铁精纯、除去其中杂质的方法。"

"这下子又变成铁匠，您似乎样样精通，无所不能！"

诺贝尔的发明才能是多方面的，这使采访他的记者由衷感到钦佩。

"今天就不再打扰您了，这些资料已足够我写一篇内容丰富的报道。相信读者们的惊讶必定非同小可，毕竟一般人对您知道得太少，除了火药以外，其他就一无所知了！"

"或许是吧，哈哈哈！"

诺贝尔满心喜悦，开怀大笑起来。

"咦，那边那个像大炮的东西是什么？"

"这个吗？这是加农炮，是可以发射任何强大威力火药的特殊大炮。"

资料链接

加农炮

加农炮由拉丁文 Canna 的音译而来，原文即"管子"的意思，英文叫 Cannon（也是音译），也是"空心圆筒"的意思。

加农炮是一种身管较长、弹道平直低伸的野战炮。它最早起源于 14 世纪。到 16 世纪时，欧洲人便开始把这种身管较长的炮称之为加农炮，当时身管长为 16～22 倍口径。18 世纪，身管长一般为 22～26

加农炮

倍口径。二次大战前后,口径在 105~108 毫米之间的加农炮得以迅速发展,炮身长一般为 30~52 倍口径,初速达 880 米/秒,最大射程 30 千米。

20 世纪 60 年代,炮身长为 40~70 倍口径,初速达 950 米/秒,最大射程达 35 千米。20 世纪 60 年代以后,加农炮基本没研制新型号,性能仍保持在 60 年代水平。

加农炮按口径可分为:小口径加农炮,75 毫米以下;中口径加农炮,76~130 毫米;大口径加农炮,130 毫米以上。按运动方式可分为:牵引式,自运式,自行式,装载到坦克、飞机、舰艇上载运式四种。反坦克炮、坦克炮、高射炮、航空炮、舰炮、海岸炮均属加农炮之类。

现在加农炮炮管长度一般为 40~70 倍口径,所以射程较其他类型的火炮都远,例如,美国 175 毫米自行加农炮,最大射程 32.7 千米;而口径比它大的 203 毫米榴弹炮,最大射程却只有 29 千米。因此,加农炮特别适合于远距离攻击敌纵深目标,也可作岸炮对海上目标轰击。

加农炮是一种更先进的火炮,能够炮轰邻近的敌人部队,削弱它的实力。加农炮没有任何的近距离攻击或防御力,所以一定要派兵守护。此外，加农炮所使用的车轮也使其无法进入高山或丛林中，除非这些地形上具有道路。

"此外我也研究各种炮身构造。"诺贝尔补充说。

"我想冒昧地请教一句，刚才不是说您是一个和平主义者吗？"

"是呀。"

"那您为何研制兵器？火药虽也属于武器，但它尚可用来开山挖路；至于大炮，除了战争，似乎再没有其他的用途了。"

"说得不错，但这仅属于我学术研究的一部分。我从没有考虑过它在军事上的用途与威力，这一点希望您能了解。"

"我相信诺贝尔先生的和平论，至于大炮我倒想起了它的和平用途。"

"真的吗？"

"您想想，它不也可以作为捕鲸的工具吗？"

"嗯，说得有道理。亏您想象力丰富，否则我今天就难逃一劫，在您的面前出尽洋相了！"

"您真爱说笑，今天谢谢您接受我的访问。"

"不客气。"

由此可知，诺贝尔的发明不只限于炸药，而是多方面的。此外，他对医学、生理学、血液的研究方面也有浓厚的兴趣，这也许就是医学奖成为诺贝尔奖项目之一的原因吧。

由诺贝尔的工作中我们不难察觉出他具有多方面的才能与心无旁骛的专一情操。他所从事的每一项发明，不论是科学的、技术的都和他的才能与情操有密切的关系。

在那许许多多的发明里，没有一件成果是凭空得来或一蹴即成的，全是他花费一番苦心、深入探讨的结果。换言之，他是以幼年时玩火药的好奇与专一的心态来从事各种深入研究。

劳动是我的生命

历史告诉我们，凡是成就伟大事业的人，都有强健的体魄。只有健康的身体才能克服一切险阻，也才能以坚强的信心、持久的耐力完成常人所不能及的伟大功业。

不论是政治家、科学家或发明家都是如此。就以世界发明大王爱迪生为例，他经常两天两夜不眠不休地持续工作，若非具有健壮的身体，他怎能承受长期日夜的劳累，去完成各项伟大的发明呢？

★知识链接★

爱迪生

爱迪生于1847年2月11日，诞生于美国中西部的俄亥俄州的米兰小市镇。父亲是荷兰人的后裔，母亲曾当过小学教师，是苏格兰人的后裔。爱迪生7岁时，父亲经营屋瓦生意亏本，将全家搬到密歇根州休伦北郊的格拉蒂奥特堡定居下来。搬到这里不久，爱迪生就患了猩红热，病了很长时间，人们认为这种疾病是造成他耳聋的原因。爱迪生8岁上学，但仅仅读了3个月的书，就被老师斥为"低能儿"而撵出校门。从此以后，他的母亲是他的"家庭教师"，决定自己教儿子读书识字，并教育他要诚实、爱祖国、爱人类。由于母亲的良好教育方法，他对读书产生了浓厚的兴趣。"他不仅博览群书，而且一目十行，过目成诵。"

爱迪生对于自然科学的最早兴趣是在化学方面。1861年美国爆发了南北战争，刚满十四周岁的爱迪生买了一架旧印刷机，利用火车的便利条件,办了一份小报(周刊)——《先驱报》,来传递战况和沿途消息,第一期周刊就是在列车上印刷的。他一人兼任记者、编辑、排字、校对、印刷、发行的工作。小报受到欢迎,他也从紧张的工作中增长了才干、知识和经验,还挣了不少钱,得以继续进行化学试验。他用所挣得的钱在行李车上建立了一个化学实验室。但不幸的是,一次他在火车上做实验时,列车突然颠簸,使一块磷落在木板上,引起燃烧。列车长赶来扑灭了火焰,也狠狠地给了他一个耳光,打聋了他的左耳,将他赶下了火车,那时爱迪生才16岁。

爱迪生

挫折并没有使爱迪生灰心,他又迷上了电报,经过反复钻研,在1868年他发明了一台自动电力记录器,这是他的第一个发明。后来他又发明了两种新型的电报机。1877年他发明了碳精电话送话器,使原有的电话声音更为清晰。此外他还发明了留声机。人们都称他为"魔术师"。

1878年9月爱迪生31岁时开始研究电灯。那时煤气灯已代替煤油灯,但火焰闪烁不定,而且在熄灭时会产生有害气体;弧光灯也已发明,并在公共场所使用,但由于燃烧时发出嘶嘶声而且光亮过于耀眼,不宜用于室内。当时许多欧美科学家已在探求制造一种新的稳定的发光体。

爱迪生研究了弧光灯后宣布他能发明一种使人满意的光,但需要钱。那时他已是一个有了170项发明专利权的人,他的发明给资本家带来很大利润,因此一个财团愿意向他提供资助。经过几千次失败,1879年4月他改进了前人的棒状、管状灯,做出了一个玻璃球状物;1879年10月21日他把一个经过碳处理的棉线固定在玻璃泡内,抽出了空气、封上口、通上电流,它发光了,一种新的照明物出现了。

1880~1882年间,爱迪生设计了电灯插座、电钮、保险丝、电流切断器、电表、挂灯,还设计了主线和支线系统,又制成了当时世界上

描绘美国南北战争场景的艺术画

容量最大的发电机,并在纽约建立第一座发电厂,开辟了第一个民用照明系统。后来他又同乔治·伊斯曼一起发明了电影摄影机。爱迪生的三大发明——留声机、电灯和电力系统、电影摄影机,丰富和改善了人类的文明生活。

爱迪生于1931年10月18日去世,终年82岁。然而至今为止(2009年)还没有人能打破他持有1093个发明专利权的记录,人们称他为"发明之王"。

但这一个重要的先决要件,却是诺贝尔所没有的。他从小体质孱弱,长大后仍然深受胃病、心脏病带来的折磨。

前面曾提过,在医学上,硝化甘油对心脏病有或多或少的医疗价值。

"真没想到,我竟然落到服食炸药的地步,真难以想象!"

当诺贝尔因心脏病痛苦难堪时,看到医师在为他调配硝化甘油,不禁哑然失笑。硝化甘油炸药的发明人,竟把它当作药物来治病，岂不可笑？

总之，诺贝尔并不像一般成大事者那样具有强健的体魄。也许他那羸弱的身体正是诺贝尔喜爱文学、具有诗人特质的潜在原因之一。

虽然诺贝尔身体虚弱，但他完成的发明却不亚于爱迪生，那么，他是如何能够承担这项艰巨的工作呢？

在体力上虽不能够支持长时间的工作负荷，但靠着超人的智慧、坚毅的信念，他每天坚持完成一部分实验，日积月累持之以恒，最终获得了惊人的成果。也就是说，正是他凭着信心与恒心，克服了体弱的不利条件才完成了伟大的成就。

勤勉的诺贝尔，珍惜生命中的一分一秒。在工作之余，除了看小说或写作外，他从不参加交际应酬，甚至连散步都觉得是浪费。他的伟大事业，完全是经年累月一点一滴的血汗结晶。

他认为劳动是人类最尊贵最神圣的行为，所以他尊重劳动者，也以劳动者自居。这是他不辞艰辛、勤勉奋发的原动力。

诺贝尔尊重劳工并且爱护劳动工人的行为，可与他的二哥路德维格相媲美。

在他经营下的工厂，雇主与工人之间从未发生过纠纷或摩擦，尽管欧洲国家盛行罢工风潮，但在诺贝尔有生之年所建立的工厂中从未发生过罢工事件。

"劳动是我的生命，慵懒松散是我的仇敌。"这是诺贝尔终生谨记的格言，他不但坚持不懈地工作，还尽心地去研究劳工问题。

"诺贝尔先生，我以为您只研究化学及工业，没想到您也研究劳工问题！"曾有人惊讶地问他。

"是的，研究劳工问题，已成为我精神的支柱。"

"精神支柱？您乐趣在此吗？"

"不，我研究劳工问题，并非全是基于兴趣。只因为我觉得凡是人类文明社会里的一切产物，就像建筑、机械、食品、衣服等日常所需，都是由劳动者凭劳力来建造或换取的。他们的努力值得敬爱，所以我爱我工厂里的工人，也爱全世界的工人，增加他们的幸福与保障是我最大的愿望。因此，研究劳工问题自然是我的精神支柱。"诺贝尔对此详加说明。

1893年，诺贝尔60岁时，被聘为瑞典埃普沙拉大学的荣誉教授。

诺贝尔欣然接受，他希望能在大学里开设劳工问题研究课程，但令他失望的是，埃普沙拉大学是以哲学教授的名义礼聘他的，这使他无法如愿以偿。

19世纪的埃普沙拉大学

"要我停止研究劳工问题去教哲学，简直是断绝我的精神食粮。唉！毕竟大家都还不了解我。"

由于诺贝尔视劳动为崇高不可侵犯的行为，所以对那些游手好闲的纨绔子弟和上流社会人物的生活方式自然不屑一顾，因此他厌恶社交活动。

但是像诺贝尔这样的名人，在欧洲社会里，自然成为一切社交场合的贵宾。

诺贝尔对于所有宴会或礼貌上的会餐邀请一律辞谢，他认为这些都是乏味而无意义的活动。他虽定居在人文荟萃的巴黎，但却全力避免踏入豪华的社交界，宁可过着平静踏实的隐士生活，他也因此经常遭到别人的非议。

"诺贝尔笨得像头驴，他根本不懂得上流阶层的社交活动。"有些肤浅的人竟然讥讽他说。

我们知道诺贝尔有高尚的教养，从不浪费光阴在无意义的事物上。如果的确是有意义、有价值的活动，他总是义不容辞。

每当他完成一项重要的研究工作，他就会邀请好友共聚一堂彻夜畅谈，往往不知不觉中天已放亮。

天生体弱的诺贝尔，在年岁稍长后，更加为病魔所缠。他经常因风湿及心脏病而叫苦不迭。每当病情恶劣的时候，他就必须停止研究工作而改写不太费体力的小说。

医生和助手曾屡屡地劝他说："诺贝尔先生，请你稍微静养一阵子，不要再工作了好吗？"

他会理直气壮地说："谢谢你们的关心，我知道你们的好意，你们希望我像一个老病人，靠着财产或退休金，糊里糊涂地度过残年么？我实在办不到！"

"你当然不必如此，但至少也该调养身子，等恢复健康后再继续工作。"

"没关系，我身体虽不灵活，但还能做点小事。我若不多为社会尽点力，反而会觉得郁闷、不舒服，身体也会更糟。"

热爱劳动又尊重劳动的诺贝尔，在苏格兰时曾写下这首诗：

这个国家若无劳动，
雅尔德丘陵只是一片荒凉的起伏，
白兔会到这里游戏、觅食，
但我却因劳动爱上这片土地。
春天的绿叶能养活天上的飞鸟与地上的走兽，
但人们必须靠劳力才能养活自己。
无垠的岩山、连绵的荒野，
狂风呼呼的长啸。
凄冷冷的雨水簌簌地掉落，
瑟缩的工厂在荒野中颤抖。
只有劳动能在黑暗中大放光彩，
这光彩带领我们克服大自然的摧残，
赐给人类欣慰与希望，
劳动可以美化宇宙，可使荒野绽放生命的火花。

这首诗是1871年诺贝尔给苏格兰新建火药厂的献礼。

　　在阴湿多雨、浓雾弥漫且寒风凛冽的阴霾荒野中，诺贝尔独力指挥着工厂的建造与火药的制作。

　　这种恶劣的工作环境与阴湿的气候很容易使人消沉、绝望。如果不是具有浓烈的劳动兴趣，将无法战胜这些困难，并且会很快地被自然界的阴影所吞噬。

　　诺贝尔或许有鉴于此，才写下这首诗，从字里行间我们可以看出他一生奉行的信条。

19世纪的苏格兰

世界大企业家

　　既是科学家、发明家、文学家，又是富有同情心的慈善家的诺贝尔，也是一位杰出的企业家。

　　诺贝尔和普通的发明家不同，他不把自己封闭在发明的象牙塔里，他关心社会上发生的大小事务，留意社会上的陋俗及商场上的竞争。促使他研究劳工问题的，正是这种性格的发展，这也是使其火药事业壮大的原因之一。

诺贝尔家的兄弟，都具有精干的头脑与企业家的才干，这不是诺贝尔独特的禀赋，从巴库的石油经营，就很容易看出他们得天独厚的资质。

换言之，诺贝尔三兄弟在商场上都是天之骄子，都有异于常人的才华。

这也可能是父亲伊曼纽尔·诺贝尔对事业的辛勤耕耘却遭受成败不定的波折，在他们心灵中埋下苦根从而结出了甜果的缘故。

"我一定要在火药发明上，创下一番轰轰烈烈的事业！"这是诺贝尔从小立下的大志。

经常研究社会经济与实业问题的诺贝尔，对事业成功之道有他独特的见解："甘油炸药具有强大的威力，但对我而言，却没有多大益处，我只是一个发明家罢了！"

诺贝尔经过一番苦心，才使甘油炸药不再无人问津。

"我虽取得专利，使甘油炸药得以普及，但我所能做的不该只是这些。我的发明使火药经营者从中获得暴利，可我并不是那些只图利益的火药商人的研究工具。"

每当进行实验时，诺贝尔都会想到："我自己的发明，必须由我自己来领导它走向正确的门径，这是不容他人取代的。"

因此他立下了原则：凡是他所发明的物品，都在自设的工厂中制造，由自己开辟销售市场。

他最初完成的硝化甘油炸药就是本着这种原则，所有产品都是在诺贝尔火药公司里自制，以后的新发明也是如此，并未把专利权转让他人。

他终身遵守着自己研究、自己创造、自己生产、自己销售的不变法则。

要知道，从事一项大事业必须先要有庞大的资金，无论建厂、购买器材或添置一切设备，都需要庞大的经费，因此借贷也成为从事大企业者必经的一环。

诸如此类高深的学问，诺贝尔都曾经用心地研习过，他了解借贷不是一件容易的事。要用借得的资金经营事业，等到获得利润后，再向银行或债主继续借款，这时候必须先取得对方的完全信任，并使他们了解这项事业的必操胜算，在这种状况下才能使借贷顺利进行。

表情严肃的诺贝尔

诺贝尔有聪明的头脑、过人的才干以及值得信任的人格。这些使他在事业道路上，大多都能通行无阻。

诺贝尔能使火药事业一帆风顺，并不只靠他过人的智慧与诚挚的热情。他还要像一个面临大战的参谋长，对全盘事物作妥善而周密的计划。

他很了解商业界的阴险狡诈与反复无情的激烈竞争，人们会只图利益而不择手段。如果稍不留意，长年来辛苦的成果就可能毁于一旦。

"诺贝尔先生，您未免顾虑太多了！我们已取得专利，别人还能奈我们何？"诺贝尔的法律顾问对计划设立大规模工厂的事表示惊讶。

"商业之道，险峻难测。虽然我们已经取得专利，但别人仍可乘隙而入，尤其我们的事业以世界为对象，不能太过大意！"

"但也不必过分小心呀！"

"不，害人之心不可有，防人之心不可无。"

诺贝尔虽然取得各国专利权，但他对这些权利的保障条例仍不放心。如何才能确保所有的权利不被侵害呢？

经常为此担忧的诺贝尔，决定完成前所未有的企业组织机构。他认为，如果想维护在国外的权利并获得利益，必须在各国设立公司、建立工厂，以自制自销为原则。

于是诺贝尔甘油炸药公司在各地纷纷成立。

对于诺贝尔这项作为，许多传记中对此都大加赞扬。他们一致认为诺贝尔希望甘油炸药普及世界的努力精神值得嘉许。但以科学家的立场来说，我们相信，生怕专利权受到他国侵占，才是其中主要的原因。

1871年在苏格兰成立的英吉利甘油炸药公司，并不属于英国企业，而是以诺贝尔为中心，在他全面指挥计划下所建立的企业公司。

诺贝尔的甘油炸药公司，就是以这一形式在各国设厂的。德国汉堡、美国旧金山也有诺贝尔的工厂。接着他又向法国、西班牙、比利时、加拿大等国不断地扩展，甚至推及偏远的非洲。

设立于各地的诺贝尔甘油炸药公司，形成庞大的"托拉斯"，无论在生产、经营技术或其他各方面皆由诺贝尔独揽大权。

这种托拉斯的营运组织，已为今日世界各国的化学工业、石油工业所共同采用。它组织严密、独占市场，且能保障本身的利益，这是诺贝尔在商业上的一大成就。

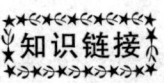

托拉斯

托拉斯，英文trust的音译，它是垄断组织的高级形式之一，由许多生产同类商品的企业或产品有密切关系的企业合并组成，旨在垄断销售市场、争夺原料产地和投资范围、加强竞争力量，以获取高额垄断利润。参加的企业在生产上、商业上和法律上都丧失独立性。托拉斯的董事会统一经营全部的生产、销售和财务活动,领导权掌握在最大的资本家手中,原企业主成为股东,按其股份取得红利。

托拉斯1879年首先在美国出现,如美孚石油托拉斯、威士忌托拉斯等。托拉斯本身就是一个独立的企业组织。资本主义托拉斯一方面可以保障投资者的优厚利润,提高投资者兴趣,刺激投资,促进业务扩充,有利于经济发展;另一方面会减少竞争,阻碍企业技术进步和新兴企业的发展,影响中小企业的生存,增加消费者的负担。

美孚石油托拉斯的创办人洛克菲勒

它使诺贝尔在各国获得暴利,成为世界性的大企业家,也使他的工厂在1886年成为拥有200万英镑资产的巨额企业。在当时这是一笔庞大的财富,相当于近1亿美金。

诺贝尔甘油炸药托拉斯在第一次世界大战时曾遭瓦解,不过,战后的复原也很快速,并且依然具有庞大的势力。

诺贝尔拥有世界性的大企业。保罗·巴尔(法国人)是他最得力的助手,他们始终合作无间,步调一致。

诺贝尔一生中最伟大的发明——甘油炸药和飞行炮弹,使他成为火药技术的革新者。诺贝尔凭精明的头脑,以全世界商人为经营对象,建立庞大资产的商业系统,这看上去似乎有失发明家的本质。

假如诺贝尔只是位发明家,他的所有利益都将成为别人囊中之物,那么诺贝尔奖也就不可能诞生了。所以,今天对世界科学、文学及和平有伟大贡献的诺贝尔奖,可说是在诺贝尔的发明才能、文学兴趣、仁者风范和企业管理等优异条件相辅相成下所产生的。

最后遗嘱

"我已年迈,虽然事业蒸蒸日上,究竟岁月不饶人,我还能度过多少个寒暑呢?"有一天,诺贝尔感伤地思忖着。

此时的他已经56岁,成了一个头发斑白的老翁。

"人生不过数十寒暑,我身后之事,又将如何?"诺贝尔对逝去的岁月不禁黯然。"我在事业上所获得的财富,难以数计,这笔庞大的财富,在我死后又有何用?既无法带入地府,又无人继承。我必须在一息尚存的日子里,将它作有意义、有价值的安排。"

诺贝尔希望找到最适当的方法来分配他的遗产。

著名的斯德哥尔摩医学专科学校

"实在百无头绪，幸好我尚未到老死的地步，还有时间做长远的计划。"他虽未想出解决之道，但岁月却无情地在悄悄流逝。

"我一步步迎向死神，事情却毫无着落，假如我找人商量此事，恐怕又要引来一大群要求捐献的人。"

他首先考虑到的是捐款给斯德哥尔摩医学专科学校。

"医学是人类幸福中最重要的一节，为使人类幸福延绵，减少病痛，就必须大力支持医学研究工作。因此拨出一部分财产作为瑞典卡洛林斯卡研究院的研究资金，应该是件很有意义的事。"

诺贝尔因此决定捐助斯德哥尔摩医学教育的研究和补充医院的设备。"只要我成竹在胸，其他繁杂的琐事就让别人去操心吧！"

1893年，诺贝尔拟好遗嘱："以医学为首，其次是世界和平。我该为世界和平尽点心意。"

诺贝尔决定以他17％的财产作为卡洛林斯卡研究院和瑞典医学界、维也纳和平协会、巴黎瑞典俱乐部等组织的基金。

"总算解决一部分问题了，至于其余的财产应该以全人类的幸福为前提。瑞典是我生长的故乡，为了祖国的繁荣，贡献我个人的力量，是理所当然的。但如果只顾虑到我的国家、我的民族，未免心胸太狭隘了。这种地域观念正是阻碍世界通往大同之路的绊脚石！"

诺贝尔虽属瑞典籍，但他的足迹遍及欧美各国，也曾受到许多国家的照顾。

"我生于瑞典，长于俄国，在美国、法国接受知识的启蒙，又曾到德国养病，如今在意大利安度余年。建立在各国的甘油炸药公司使我获得各国人士的支持，同时也获得了最大的利益。"

他回忆过去，深深感受到自己与世界各国有牢不可分的关系，原来根植于内心的爱国情操已扩展为对全世界和全人类的爱。"追求幸福是人类的欲望，享受幸福是人类的权利。我的财产只有用在消除战争与促进文明上，才能发挥最大的功能，所以仅仅使瑞典独享幸福，并非上上之策。"

为了全人类的幸福，诺贝尔已经有了最后的安排。

1895年11月27日，诺贝尔为遗留给人类的庞大财富定好了使用途径，他写下一份详细的遗嘱，其中一部分内容是：

凡是对世界有重大贡献者，都应当给予奖励。

为了真正的和平，这个奖励不分国籍、不分种族。人种歧视是战乱的根源，人类虽然有肤色上的差异，但怎么能因此判定其优劣？何况任何一个种族，都有成就大事的伟人。歧视别人，是最愚昧、最无知的行为！

因此，诺贝尔奖的受奖人，不受国籍、种族与信仰的限制。

哪一种成就才值得予以受奖资格？首先，他想到科学，因为科学是改善人类生活最伟大、又最具体的动力。可是科学的门类不胜枚举，若不指明，就显得太笼统了。

与人类最切近的就是日常所需，诸如机械、电动器具等，这是物理学的范畴，应该设立一项物理奖。

至于在物理制品的产生过程中，少不了化学程式，也不能忽略了自己的本行，也应该设立一项化学奖。

于是，物理与化学奖由此产生。

喜爱文学，常在工作之余欣赏文学作品，又喜欢创作的诺贝尔，认为文化的传播具有其他科学所无法代替的作用。文学能揭发人性与社会的真实面，引导人民走向中正之道，因此具有启发作用的文学作者，也该受到奖励。

只要是有内容、有思想，能辨别是非善恶，主持公理的优秀作品，便可入围。

于是，文学奖也诞生了。

他仍觉得有所欠失，身为一个和平主义者，怎么能忽视对人类和平有贡献的人？

"能消弭战争、促进和平的人也该列入受奖名单，但是应以何种名誉受奖？嗯，就叫它和平奖吧！世界上任何一个角落，都有为争取人类真正和平而与邪恶对抗的人，他们的努力不该受到冷落。"

当时诺贝尔的财产总数是3128万克伦，折合英镑大约是170万，折合美元大概是920万，这笔巨款存放在银行里，把每年滋生的利息（约20万美元）作为"对人类幸福最具贡献者"的奖金。

根据诺贝尔的遗嘱，指定利息必须分为5等分，作为5种奖金颁发。

"我已尽全力地为人类和平幸福做出最后的努力，多年来心中的不安今已尽释，我可以安心离去，死而无憾了！"诺贝尔卸去双肩的重担，顿感轻松无比。

"能像我一样幸运，终身幸福的人实在不多！"虽然年老且行动不便，但躺在床上的诺贝尔终日笑颜满面，愉快地写着小说。他自嘲地说："纵使其他的奖我已无望，但我还能写写小说，争取获得文学奖！"

诺贝尔的晚年是安详平静的。

诺贝尔感到，自己毕生的努力和心血并没有得到世人的理解："从这个意义上说，我的一生失败极了，我简直白白活了这么一大把年纪。"

的确，在普通人眼里，诺贝尔是一个唯利是图，为了得到利益甚至不惜把人类推向战争的人。

很少有人能明白诺贝尔的真正心迹。虽然是一个发明、生产炸药的大企业家，但他并不是一个狂热的战争叫嚣者。他热爱和平和自由，对人类的前景充满了美好的向往。人们或许会说："这不可能，这种情况完全是自相矛盾的。"但是如果了解了诺贝尔的思想，这个矛盾也就迎刃而解了。

从少年时代起，雪莱的思想就在他身上留下了深刻的烙印。这位英国杰出的浪漫主义诗人对暴政、对愚昧无知、对黑暗的统治无比愤怒。他的叛逆精神源自于内心对人类的深切而热烈的挚爱，来自于对和平、正义的追求和向往。

诺贝尔一直认为，发明一种威力强大、能使两军阵营在一瞬间同归于尽的武器，比任何一种对和平主义的鼓吹和宣传都更有力量。因为这样将迫使各国政府不敢轻举妄动，不敢随随便便发动战争，战争爆发的可能性甚至会因此缩小至零。

然而令他不解的是，人们似乎总是把注意力放在他在炸药研究的一系列进展上，而对他的其他研究不闻不问，这愈发加深了对他的误解，令他深感苦恼。

"既然人们不明白我奋斗的真正动机是什么，甚至自以为是，一味曲解我行动的真正意图，那么我阿尔弗雷德在世之时无疑为世人树立起了一个反面榜样。"诺贝尔痛苦地想道，"这岂不是与我造福人类的理想背道而驰了吗？"

一想到自己生前蒙受不白之冤，死后还要饱受指责，继续被人指指点点，戳脊梁骨，诺贝尔就不寒而栗。他急切地想要向世人表白自己的心迹，让他们了解自己真正的内心世界。

"现在我剩下的日子已经不多了，也许只有在我死后，人们才会真正理解我。"路德维格死后报纸上刊登的那篇错误的报道更让诺贝尔忧心忡忡，他逐渐萌生了通过自己的遗嘱来进行补救的想法。

1889年，诺贝尔写信给一位瑞典的朋友：

> 麻烦你为我找一个瑞典律师，为我起草一份合适的遗嘱。我已经两鬓斑白，精疲力尽，必须摆脱尘世的烦恼。我早就该做出准备了，可是还有许多事情要做。

没过多久，律师就寄来了遗嘱的草稿，并且提出了自己的建议。他劝诺贝尔将遗产捐赠给斯德哥尔摩学院。

审慎的诺贝尔没有立即接受这条建议，在回信中他写道：

感谢你寄来了遗嘱的样本。我将考虑向这所学院捐款。可是，究竟应该鼓励青年人埋头读书，还是四处闯荡呢？对此我还没有拿定主意，这实在是个难题。

到1893年，诺贝尔已经不像以前那样，因为急于表明心迹而贸然行动了。他开始理智地对自己的事情进行一番细致的考虑。

从少年时起，诺贝尔就受母亲的影响。诺贝尔终生对母亲深怀敬爱之情。他成为举世闻名的发明家后，希望母亲与他住在一起，度过一个幸福的晚年。但卡罗琳娜却坚决不同意，因为她深知儿子太忙了，她不想影响儿子工作。她也放心不下在瑞典的土地下安息的丈夫和小儿子。

她对诺贝尔说："谢谢你，阿尔弗雷德。你不要挂念。到我这里来的亲戚朋友不是很多吗？我有许多好朋友，实际上我还有一个非常好的兴趣。"

在母亲晚年，诺贝尔每年总给她汇寄许多钱。母亲从未挥霍过一分钱，母亲对他说：

你每月给我寄来钱，我很高兴，也很感激。但是不能只是我一个人享受这样的幸福。社会上有许多贫困的人，生理上有缺欠的人，没有家庭的人等许多不幸者。我过去曾想，怎样才能把你勤奋工作赚来的宝贵的钱用得更有意义。我并没有挥霍，而是用得很节省。我把剩下来的钱用于救济那些不幸的人。阿尔弗雷德，你大概还没有忘记你当年也有过贫病交加的时候。我想，对于我做的事情，你一定会感到高兴的……

诺贝尔对母亲的敬爱之情顿时更为强烈了，他感到无比幸

福。可以说,母亲的博爱精神和实际行动,对以后诺贝尔决定设立"诺贝尔奖"的想法,起到了巨大影响。

他在心里暗自祈祷:"妈妈,为了我,为了社会上那些不幸的人,希望你永远活在世上。"

从小就把帮助别人的善举视为人生乐趣,成年之后的诺贝尔更加急公好义、乐善好施。如何才能更好地利用自己的钱财帮助他人而不至于被那些用心险恶的人所利用?

诺贝尔花费了几乎一生的时间才逐渐意识到,漫无目的地接济并不是有效的行善方式,那些最需要帮助的人可能依然在水深火热中煎熬,而得到帮助的却往往是那些根本不值得帮助的丑恶、狡诈的人。

把自己的遗产随随便便捐献给某个组织或者机构,是草率而不负责任的做法,必须把这笔钱用到那些最值得得到奖励的人身上。就在1893年,诺贝尔起草了一份遗嘱。在这份遗嘱中,诺贝尔把他的财产用来奖励科学领域的先驱,他还不忘自己的和平理想,特别为成绩卓著的和平战士设立了一笔奖金。他把颁发奖金的时间限制在30年。

到了1895年,诺贝尔对自己遗产的这种处置方式产生了不满。

"毫无疑问,原来的遗嘱还很粗糙,许多细节方面的问题还没有考虑到。"

经过多次地反复思索,诺贝尔有了一个不成熟的设想。

"如果这笔遗产仅仅只能对几十年间的少数几个杰出的人物产生帮助,那是远远不够的。我的全部遗产应当用于为人类谋福利的事业,这将是一项伟大的'慈善事业'!

"我将用这笔财产来设立一个基金,用基金的利息来奖励人类的伟大成就,奖励那些既充满英雄气概,又有求知精神的伟大人物,这些人物用无畏的精神探索着那些未知的神秘领域。

"在这个世界上,有多少天赋优秀的科学家因为饥寒所迫,为了解决温饱,为了养活妻子儿女而不得不放弃那些看似没有实用价值、其实妙用无穷的基础理论研究，而从事其他无益的研究来维持生计。我的遗产将帮助他们渡过难关，鼓励他们一往无前，实现自己的理想，从事自己心爱的研究。

2007年度诺贝尔奖章

"什么是英雄？什么是杰出的科学家？仅仅因为他在科学研究上成就突出吗？不！只有那些具有高尚的道德情操、不是为了自己的私利而进行发明创造的人，才配得上这些称谓。是不是研究成果越有用，所谓的成就就越伟大？不，不应当这样来衡量，而应当看他们进行研究工作的动机。如果他们的研究是为了获得更多与人类有关的知识，是与人类更美好的未来息息相关的，那么，哪怕他们的成就在现实中并没有多少实用价值，也是了不起的。"

这是一个大胆而高尚的设想，但是，诺贝尔想要更进一步实现这个设想的时候，又碰到了难题。用什么方法才能将这些设想付诸实施？怎样才能让子孙后代们明白他的这番良苦用心？

诺贝尔苦思不得其解，直到他碰到了一个异想天开的冒险家，才触发了他的灵感，令他豁然开朗，找到了处置自己遗产的最好办法。

这位冒险家名叫安德烈，是一位能力出众的人。他精力充沛，不安现状，总是在寻求突破，从不甘于平庸。

在资助安德烈进行探险的过程中，诺贝尔深受启发，他的遗嘱设想也最终趋于成熟。

诺贝尔很早的时候就形成了这样一种观点：人民群众的激情和力量是惊人的，但是也具有一定的盲目性。这种力量一旦运用不当，盲目冲动的群众被个别花言巧语的阴谋家煽动起来，他们很可能成为一股破坏性极强的力量，甚至可能成为一批战争狂人；而如果群众的注意力能够被吸引到健康有益的事业上去，那么其作用也是难以估量的。

现在，安德烈的这次行动使他领悟到：如何引导群众，如何将他们的注意力转移到有益于人类的事情上，是值得认真考虑的一个问题。

"毫无疑问，只有那些伟大的人物才具有这种力量。他们高瞻远瞩，德高望重，能够以自己的美德和杰出才智令民众心悦诚服，并将他们紧紧聚集在自己的周围。他们的思想、言论将对民众产生深远有益的影响，能够将他们的注意力转移到自己的丰功伟绩上来，从而为群众树立起一个好榜样。

"我的财产将成为吸引民众注意力的一个工具，那些为世界和平、人类幸福作出贡献的人应该得到名誉和奖励。这些无私的探索者为了使别人过得更幸福，甚至不顾惜自己的生命和安危，如果他们不是领导群众的人物，那么还有谁配得上呢？"

就这样，经过长期酝酿，诺贝尔的遗嘱终于考虑成熟了，1895年11月27日，他在巴黎亲笔写下了他最后的遗嘱。

诺贝尔在给索尔曼的信里曾经写过："我从不借用的两件东西是金钱和方案。"毫无疑问，这两种东西对他来说，都是绰绰有余的。然而，使这位发明家越来越感到致命般痛苦的，是时间、睡眠、健康与平静的不足。他一生不得休息的状况，现在要算账了。尽管他不断表示相反的愿望，但1895～1896年，对于"那些迫切要求改变和完善的事情"来说，的的确确是其一切图谋、规划和期望的进程中大变迁的年头。这些事情分布在地上、地下、海洋和天空。他曾用五种语言在日记、报告、草图和信件里，在诗歌和散文里，以及在数字和统计表里，亲手将这一切写了下来。在他生前最后的两年中，大量文件都注有日期，只有几周时间的空白，那是由于他从圣雷莫到巴黎、布鲁塞尔、苏黎世、柏林、汉堡、伦敦、斯德哥尔摩和福尔斯进行没完没了的巡视旅行，以及由于到埃克斯累班和卡尔斯巴德等休养地而中断的。

这位当时将近 63 岁的老人，几十年来那种永不枯竭的智力和一往无前的精神，使他周围的人感到惊佩。似乎难以置信的是，他的意志力量和坚忍性格竟然能将被他无情使用的这艘"破船"维持得那么长久。

但任何事情都有一个界限。诺贝尔在 1896 年同索尔曼一起度过了他最后一个夏天和秋天。当他在比耶克博恩和博福斯鼓励和指导广泛的技术工作时，他被那里的助手们看成是一个内行。8 月，他的哥哥罗伯特死了。他自己在遭到他称之为"尼天尔海姆鬼魂的来访"的病痛（严重的偏头痛和血管痉挛症）后，终于明确认识到必须采取措施。他到南方并在巴黎请一专家进行了诊断。他被告知说，他得的是一种厉害的心绞痛症，因此他必须绝对休息。这句话所掩藏的意思是，现在是准备后事的时候了。

前面所说的那份举世皆知的遗嘱，在起草后就一直存放在他出生的城市斯德哥尔摩的一家银行里。这样一位杰出的人物在病痛的折磨下处理着身后之事，却一点也显示不出诺贝尔在临死前的思想痛苦：他亲自仔细地监督了当时在圣雷莫公园为索尔曼一家建造的一座别墅；他卖掉了为自己在圣雷莫拉车的马匹，并且在巴黎买下了 3 匹新马和漂亮的马具来替代它们。

在病痛的折磨下，除了像通常那样坚持写日记外，他还把时间花在最不寻常的写作上。他穿着睡衣，头痛地坐在那里，忙着赶写一部受到雪莱影响的悲剧《复仇女神》，以及创作一部以不久前那场使他非常伤心的线状无烟炸药诉讼案为背景的剧本，他给这个讽刺剧取名为《专利细菌》。这是两部奇妙的著作，在很多方面反映了作者的典型性格，包含着揭露生活和人物的痛快淋漓的哲学语言。

此外，他每天还要就多样的生意计划及复杂的化学处理亲手写下十几封信。他于10月在给索尔曼的一封信里写道："说起来就好像是命运的讽刺，我必须遵命服用硝化甘油。他们把它称为三硝酸酯，以使药剂师和公众不致害怕。"

他的最后一封信是于1896年12月7日在圣雷莫写给索尔曼的。诺贝尔是在2个星期前到达那里的。这封信就好像他在健康时写的那样，谈的是一种新的硝化甘油炸药，末尾的几句话是："不幸的是，我的健康状况再次恶化，连写这几行字都有困难；但是，一旦当我能够的时候，我将回到这个我们感兴趣的题目上。您忠实的朋友，阿尔弗雷德·诺贝尔。"

从他那与往常一样清楚、易懂与端正的笔迹中，看不出他正处于崩溃的时刻；但是，他却再也不能回到那个曾经使这位才气焕发、精力旺盛的人终生感兴趣的题目上去了。那封信没能被寄出去，一直留在了写字台上。

总算叶落归根

立完遗嘱后的诺贝尔，心情一直是愉快而开朗的。他经常利用病情好转的时间，从事研究或写小说。

"我已经创下了庞大的事业，在死后也能留给人类大笔基金。虽然今后我所能做的只是微不足道的事情，但我仍愿努力。"

诺贝尔已如风中残烛，加上关节炎和心脏病的纠缠，更显得憔悴、衰颓。他自忖说："我快不行了！"

诺贝尔虽然坦然，不再有什么牵挂了，但仍无法驱走老年的寂寞。如今只有二哥路德维格的儿子伊马，是他唯一的亲人。

侄儿伊马非常敬爱叔叔，诺贝尔去世前的2年在那不勒斯所建的别墅全由伊马负责布置。他务求舒适，以便让叔叔静心疗养。

"关节炎的治疗毫无起色。我可能不久于人世了！"有一天，诺贝尔对侄子说。

诺贝尔静静地坐在椅子上思考问题

"不会的，叔叔，这里风景十分优美，只要您安心在别墅中静养，一定会好的。"

诺贝尔由于病情日趋严重，必须前往巴黎治疗，所以刚住进去的别墅又变得空荡荡了。

风湿所造成的肉体上的痛苦，虽然不至于危及性命，但是心脏病却不断地在恶化。

"难道医学上对心脏病的治疗始终没有进步，也没有发明什么新药物吗？"诺贝尔问大夫说。

"没有，目前仍旧以硝化甘油的制品最有效。"

"如果我的心脏病能够痊愈，那硝化甘油真的成了我一生中的幸运之神了！"诺贝尔调侃地说。

1896年11月，诺贝尔病情稍见好转，于是回到意大利的圣雷莫。但他知道自己将不久于人世了。

圣雷莫研究所的一名技师来探望他，并向他提出更新的硝化甘油炸药的研究报告。

"太好了，你们几位能继我之后，努力做更精良的研究，是我最大的安慰，这样也才能叫我死后瞑目。"

"您千万别这样说，我们还等着您回来继续指导呢。"

"不用安慰我，自己的身体，只有自己最了解。"诺贝尔微笑着向这位技师说。

"您千万不可如此消沉。"

"那当然，我已经为人类的和平与文明尽了力了！"

"是的，这是世人公认的。"

"对于我身后之事，在遗嘱中已有详细的交代。"

"我已听说了，诺贝尔先生您实在太伟大了！"

"我现在还有一件事，希望你能替我传达。"诺贝尔张大眼睛认真地说。"从公共卫生的观点来看，土葬是不合理的，所以我希望死后能火葬。"

"诺贝尔先生，你先别这么说。"

"不！我是当真的。本来这件事在遗书中交代得很清楚，但我又害怕被火烧时，会有痛苦的感觉。所以我的遗体一定要在死后两天才可送去火葬，以免我在火炉中复活。"

"您的想法真叫人害怕！"

"我诚心地托付你，因为我的日子已经不多，这些问题总是要解决的。"

诺贝尔继续对他说："我何尝不希望能恢复健康，和你们共同研究！"

"当然，您一定会的！"技师不断地为诺贝尔打气。

但他终究无法抗拒死神的召唤。

12月7日这一天，诺贝尔写信告诉他的助手说："你的报告资料，我感到十分满意，我想硝化甘油炸药的研制已进入最高阶段了。可惜我无法再和你们共事，是我最大的遗憾！"

"今日我连写这封短信，都感到非常吃力。"

写完这封信的几小时后，诺贝尔又因心脏病复发，痛苦得无法动弹。

3天以后，他跌倒在书案旁。仆人把他从书房抬到二楼的卧室，并请来了医生。他得的是脑溢血，大脑局部瘫痪，因此他除了用母语瑞典语，不能用其他语言讲话。可在病榻周围的人都是法国人，医生是意大利人。他们面面相觑、无可奈何，无法听懂他的临终遗言。

临终时的情景，正是他过去十分担心的："没有一个好心的亲友替我合上眼皮，在我耳边轻轻地说一句诚恳的、安慰的话。"

在场的所有人没有一个能听懂瑞典语，诺贝尔临终之前到底说了什么，这成为一个永远的谜。

1896年12月10日，阿尔弗雷德·诺贝尔在意大利圣雷莫溘然长逝，终年63岁。

伟大的诺贝尔似乎永远与孤寂为伍，直到临死，在他周围仍见不到一点家庭的温暖与亲人的悼唁。

但他并不是一位无法排遣寂寞、悲伤不振的人。他有丰富的情感，以及至死不变的爱心。

追悼会在圣雷莫的米欧尼德庄举行，巴布也特地从巴黎赶来参加。此外，还有瑞典派来的追悼团体。

诺贝尔的遗骸很快地由圣雷莫移回到瑞典，在12月29日正式举行葬礼，并将他安葬在家人的身旁，这才完成了诺贝尔最后的心愿。

一位绝代的伟人，留下了旷古的事业，从此长眠。他大半辈子都奔走他乡，如今总算落叶归根，重回祖国怀抱了。

北欧的瑞典，漫长的黑夜与白昼柔弱的阳光正迎接着这位伟人的灵魂，并且守护着他的遗体，相信这也是全瑞典同胞所乐见的。

前面已提到诺贝尔的遗嘱，他把大部分财产奉献给对世界文明有贡献的各种人才，鼓励那些聪明睿智的人，永远要为人类造福。

"诺贝尔先生伟大的胸怀、细密的思虑，真叫人敬佩！"

"阿尔弗雷德·诺贝尔不是一位普通的企业家或发明家，他不因暴利而致力于发明，真是人类文明进化的领袖！"

大家对诺贝尔的遗嘱，感叹不已。

"就把奖金命名为诺贝尔奖吧！"

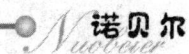

"诺贝尔奖?"

"太好了!"

从此诺贝尔奖成为世界性的组织,也是全球最高的荣誉。诺贝尔伟大的精神将永远活在诺贝尔奖中,与世长存。

诺贝尔奖颁奖典礼

阿尔弗雷德·诺贝尔虽已离开人间,但诺贝尔奖却以万丈光芒展现在世人面前。

每年的12月10日,全世界的目光都聚焦在位于瑞典斯德哥尔摩市中心的音乐厅,那里将进行一年一度的诺贝尔奖的颁奖典礼。大厅内铺满了由意大利圣雷莫市政府提供的鲜花——诺贝尔1896年去世于该城。

16时30分,乐队奏乐,全体起立,瑞典王室成员驾临。接下来的程序是:诺贝尔奖金的获得者致辞、接受获奖证书及金质奖章。

宴会也是按照严格程序进行的,19时准时打开香槟,65张桌子围绕着国王的主桌排开,大厅内唯一的照明是蜡烛。

晚餐结束后国王将逐一召见获奖者,每位获奖者有幸与国王交谈5分钟。

诺贝尔奖是全世界科学家梦寐以求的最高荣誉,照亮了一代又一代科学家的前进道路。

知道诺贝尔奖的人,总想对诺贝尔的生平有所了解。阿尔弗雷德·诺贝尔的生平故事本身就充满着非凡的戏剧性,所有的传记文学作者都不需要进一步地虚构。他多才多艺、天资聪颖、谦虚、坚毅、恪守原则而又勇气十足。尽管体质虚弱、健康不佳且又屡遭严重挫折,但他却凭借着自己的聪明和坚持不懈的努力，在恶劣的条件下取得了巨大的成功。

　　爱因斯坦曾经说过："第一流人物对于时代和历史进程的意义，在其道德品质方面，也许比单纯的才智成就方面还要大。"诺贝尔确实具有爱因斯坦说的"第一流人物"的"道德品质"。他一生艰苦创业，积累了数目巨大的财富。但是他并没有把这笔巨富据为己有，或者留给家人。他的著名的遗嘱是经历了缓慢而曲折的心理过程逐步明朗化的。遗嘱的定本体现了诺贝尔的下述观点：一个工业国家的领袖应该引导整个社会朝着公共福利与和平的方向前进。通过设立诺贝尔奖的基金，他的绝大部分财产都无私地奉献给了世界和平、科学发展和人类进步的事业。时至今日，人们仍然把获得诺贝尔奖看作是崇高的荣誉。从某种意义上说，诺贝尔奖对历史进程的影响也许比诺贝尔本人的发明对历史进程的影响还要大。

　　我们有必要缅怀诺贝尔先生，缅怀他宽阔的胸襟和超越种族、超越地域的博爱情怀以及对真、善、美的向往和追求。这些追求仍是我们人类社会不可或缺的精神源泉。

　　此后，诺贝尔奖的威望日隆，成为全球人类所渴望获得的最高殊荣。一大批杰出人物相继获得诺贝尔奖。他们中有科学家居里夫人、爱因斯坦，文学家泰戈尔、罗曼·罗兰、海明威等。

　　而诺贝尔和平奖更是备受瞩目。1905年的和平奖颁发给了诺贝尔的挚友贝尔塔·苏特纳。此后，相继有美国第二十六届总统罗斯福、1925年英国外交大臣奥斯丁·张伯伦、1973年美国国务卿基辛格等政界要人获得这一荣誉。

　　1968年，瑞典中央银行于建行300周年之际，提供资金增设诺贝尔经济学奖，并于1969年开始与其他五项奖同时颁发。诺贝尔经济学奖的评选原则是授予在经济科学研究领域作出重大贡献的人，并优先奖励那些早期作出重大贡献的人。

　　诺贝尔奖成为一个国际性的大奖，它的意义远远不止是金钱，诺贝尔奖的声誉不断提高，已成为科学家、生理学家、文学家、社会活动家能够得到的最崇高的荣誉，获得了最广泛的承认。时至今日，世界各国的人们，都以获得诺贝尔奖为最高的荣誉，并为自己的同胞获得诺贝尔奖而感到骄傲和自豪。

像诺贝尔当初所希望的那样，诺贝尔奖的颁发成了全世界人民的盛事，它引起了全球民众的深切关注，使他们的目光聚焦到杰出人物的身上，并从这些杰出人物的身上汲取精神力量。

根据遗嘱，颁奖项目分为物理、化学、医学（生理学）、文学及和平五种。

这些奖分别由不同的委员会来决定受奖人选。

物理奖和化学奖由隶属瑞典皇家科学学会的诺贝尔委员会决定；医学及生理学奖由瑞典卡洛林斯卡学会决定；文学奖由瑞典学术院决定；和平奖由挪威奥斯陆议会决定。

候选人由世界各地自行推举，由各个委员会审定后，征求世界著名学者的意见，才正式产生。如今也扩大到征求历年受奖者的意见，来决定最适合的人选。

诺贝尔奖代表世界的最高荣誉，可说是一种权威性的学术奖励。

1901年12月10日，也就是阿尔弗雷德·诺贝尔逝世5周年纪念日，在斯德哥尔摩举行了第一次诺贝尔奖颁奖典礼。

那天，是一个已近年关、昼短夜长的北国寒冷日子。

诺贝尔奖由瑞典国王亲自颁发，并由主持人以多种语言介绍每位受奖人。

对于受奖人的推荐词，则以瑞典语说明。

受奖者坐在会场讲坛两侧的座位上，静听管弦乐队悠扬的演奏，及主持人对每位得主赞扬、推荐的话。椅子是皮制的坐垫及刻有美丽浮雕的靠背，浮雕上镶有木刻的狮子头，这是瑞典王室的标记。

魁梧的瑞典国王考斯道夫五世，坐在讲坛下观众席首排中央的位置上，他神色肃穆而庄严，专注地聆听着对受奖者的推荐词。

讲坛正中央有一道阶梯，这是专为得奖人设立的。

演说完毕，紧接着开始颁奖。主持人一一高唱着受奖人的姓名。

瑞典国王从座位上慢慢地起身。他并不走上讲坛，只是在原位上站着。

被召唤的得奖者，缓步从讲坛中央的阶梯走下，来到国王面前，恭敬地行礼。

国王伸手与受奖人握手，并把装有诺贝尔奖牌的盒子连同奖状与奖金颁赠给得奖人。

得奖人接过这三样赠品后，用双手平持着，后退走上讲坛。这种不可背向国王的礼节，是对国王应有的基本礼貌。受奖人始终保持面向国王的姿势，回到讲坛两侧的原位上坐下。

六位诺贝尔奖首届得主，依次从国王那儿得到奖牌、奖状与奖金。

参加典礼的瑞典学术院会员及各界学者一同鼓掌，乐队也伴奏乐曲，颁奖典礼就在庄严肃穆的气氛下结束。

荣获第一届诺贝尔奖的人分别是谁呢？

物理奖得主是发现X光的德国物理学家伦琴。

知识链接

威尔姆·康拉德·伦琴

威尔姆·康拉德·伦琴，德国物理学家。1845年3月27日生于莱纳普（现属德国）。3岁时全家迁居荷兰并入荷兰籍。1865年迁居瑞士苏黎世，进入苏黎世联邦工业大学机械工程系，1868年毕业。1869年获苏黎世大学博士学位，并担任了物理学教授A·孔脱的助手；1870年随同孔脱返回德国，1871年随他到维尔茨堡大学，1872年又随他到斯特拉斯堡大学工作。1894年任维尔茨堡大学校长，1900年任慕尼黑大学物理学教授和物理研究所主任。1923年2月10日在慕尼黑逝世。

伦琴一生在物理学许多领域中进行过实验研究工作，如对电介质在充电的电容器中运动时的磁效应、气体的比热容、晶体的导热性、热释电和压电现象、光的偏振面在气体中的旋转、光与电的关系、物质的弹性、毛细现象等方面的研究都做出了一定的贡献。由于他发现X射线而赢得了巨大的荣誉，以致这些贡献大多不为人所注意。

著名物理学家伦琴（1845～1923）

1895年11月8日，伦琴在进行阴极射线的实验时第一次注意到放在射线管附近的氰亚铂酸钡小屏上发出微光。经过几天废寝忘食的研究，他确定了荧光屏的发光是由于射线管中发出的某种射线所致。因为当时对于这种射线的本质和属性还了解得很少，所以他称它为X射线，表示未知的意思。同年12月28日，《维尔茨堡物理学医学学会会刊》发表了他关于这一发现的第一篇报告。他对这种射线继续进行研究，先后于1896年和1897年又发表了新的论文。1896年1月23日，伦琴在自己的研究所中作了第一次报告；报告结束时，用X射线拍摄了维尔茨堡大学著名解剖学教授克利克尔一只手的照片；克利克尔带头向伦琴欢呼三次，并建议将这种射线命名为伦琴射线。

伦琴射线是人类发现的第一种所谓"穿透性射线"，它能穿透普通光线所不能穿透的某些材料。在初次发现时，伦琴就用这种射线拍摄了他夫人的手的照片，显示出手骨的结构。这种发现实现了某些神话中的幻想，因而在社会上立即引起很大的轰动，为伦琴带来了十分巨大的荣誉。1901年诺贝尔奖第一次颁发，伦琴就由于这一发现而获得了这一年的诺贝尔物理学奖。

1900年伦琴已搬到了慕尼黑，在那里，他成为实验物理研究所所长。1914年，他在著名的德国科学家表示他们与军国主义德国休戚相关的宣言上签了名，但后来他对此感到懊悔。在第一次世界大战期间和随后的通货膨胀中，他相当苦恼。1923年2月10日，伦琴在慕尼黑逝世，享年78岁。

化学奖得主是荷兰籍的凡特·霍夫，因发现化学法则而得奖。

医学及生理学奖得主是德国的医师白林，他发明了白喉血清，挽救了成千上万儿童的生命，这项功绩正是诺贝尔最希望见到的。

文学奖得主是法国诗人苏里·普鲁敦。

和平奖得主是首创红十字会的法国政治学家柏西和瑞士慈善家杜南。他们的工作，正合乎诺贝尔的遗志。

国际红十字运动创始人亨利·杜南

知识链接

国际红十字会

国际红十字会系由瑞士银行家亨利·杜南成立。也因此，红十字会将他的生日5月8日订为"世界红十字日"。而红十字几乎成为图腾的标志，也是由他祖国瑞士的国旗样式翻转而成。

国际红十字会通用标志

1859年4月，意法联军与奥地利的军队在索耳费里诺进行了一场大会战，双方伤亡惨重，尸横遍野。

这年6月，瑞士人杜南经过意大利卡斯蒂利奥内，一路上，他看到到处是腐烂发臭的尸体，心里不是滋味儿。杜南虽然出生在一个富人家庭里，但从小就对贫穷、遇难的人富有同情心。他来到一所住满病员的小学校，想以自己微薄的力量去帮助他们。

回到日内瓦后，杜南写了一篇回忆录，描述了伤病员在战场上悲惨的遭遇，向世界发出呼吁，要求成立一个国际性的志愿救护伤兵组织，建议给予军事医务人员和各国志愿者伤兵救护组织以中立地位的国际公约。

但是，成立一个国际性的组织必须得到各个大国的支持和同意。杜南立刻给各国元首写信，并亲自四处奔波，到各国去宣传。他的主张，得到了各国元首的广泛支持。

1863年10月，在日内瓦召开了成立协会的筹备会议，由16个国家的36名代表参加。第二年8月8日，由瑞士发起，在日内瓦召开国际会议，正式签订了国际红十字会公约。瑞士的杜福尔将军出任首任主席，杜南担任秘书。

1863年，杜南与古斯塔·莫瓦尼埃、亨利·杜福尔、路易斯·阿皮亚及西奥多·莫诺瓦一同成立了"救援伤兵国际委员会"，此即为国际红十字运动的起源。

1864年，此时红十字会运动已经扩展至欧洲12个国家，并于日内瓦首度签署了《改善战地陆军伤者境遇之日内瓦公约》，即第一条日内瓦公约。

救援伤兵国际委员会于1875年改名为红十字国际委员会，并向外发展至伊斯兰国家，但由于十字是基督教的宗教符号，伊斯兰教徒不愿意接受，1876年在奥斯曼帝国采用"红新月"标志，波斯帝国采用古老的狮子和太阳图案。1929年国际红十字会承认了这两个符号。伊朗霍梅尼政变取得政权后，废弃了红十字会的符号，和其他伊斯兰教世界一样采用红新月会符号。国际红十字运动于1986年改名为"红十字与红新月运动"，而红十字会联合会则于1991年改名为"红十字会与红新月会国际联合会"。后来以色列要求采用红色犹太教符号，六角的"大卫之星"，没有被红十字会批准，因为怕此例一开，各种团体都会要求用自己的五花八门符号。红十字会正在讨论准备采取一种国际通用的、没有宗教意义的红菱形符号。

红十字运动100多年来，由于在战时及和平时对人类社会都有卓著的贡献，所以共获得3次诺贝尔和平奖，加上创办人亨利·杜南于1901年获得的诺贝尔和平奖，红十字会总计获得4次最高的和平殊荣。

红十字会是一个遍布全球的慈善救援组织，目的为推动"红十字运动"（或称"红十字与红新月运动"），是全世界组织最庞大，也是最有影响力的类似组织，除了许多国家立法保障其特殊地位外，红十字于战时也常与政府、军队紧密合作。

每届得奖人的姓名，都将流芳千古，永享最大的荣耀。

值得一提的是美籍华人李政道和杨振宁，在1957年荣获诺贝尔物理学奖，他们也和其他得奖人一样，从瑞典国王手中接受最高的荣誉。后来，还有几位华人科学家、文学家也获得了诺贝尔奖。

诺贝尔奖对促进人类文化与世界和平的贡献，实在无法计量。

"为了人类文明与和平"，诺贝尔的这个伟大愿望，至今依旧在宇宙中回荡，寻找更广大的共鸣。

著名物理学家，诺贝尔奖获得者杨振宁

资料链接

获得诺贝尔奖的华人

物理学家李政道

1926年出生于广州，毕业于浙江大学，后赴美留学取得博士学位。1957年，他和杨振宁一起推翻了世界物理学界20世纪30年代奉为金科玉律的"宇称守恒定律"而获得诺贝尔奖。

物理学家杨振宁

1922年出生于安徽合肥。青年时就读于清华大学。1945年，赴美从事核子物理学研究，曾获美国五所大学的博士学位，任全美华人协会会长。1957年，同李政道合作，创立"李杨宇称不守恒定律"而获诺贝尔奖。

物理学家丁肇中

1936年，生于美国密执安州，祖籍山东日照。后回国在上海上学，20岁时回美国，接连获硕士和博士学位。1975年，他主持的美国麻省理工学院实验小组发现了一名被命名为"J粒子"的新粒子，被誉为20年来物理学界最重要的发现。1976年，因此而获诺贝尔奖。

化学家李远哲

1932年，生于台湾。1974年加入美国籍，任加利福尼亚大学教授，劳伦斯伯克利实验室高级研究员。他主持研制的分子未碰撞装置及离子未和分子交叉装置，能分析出化学反应中每一阶段的具体过程，为反应动力学的研究开辟了新领域。1986年，因此而获诺贝尔化学奖。

物理学家朱棣文

1948年2月28日，生于美国圣路易斯市。祖籍江苏太仓，与著名物理学家吴健雄同乡。1970年，获物理和数学双学士学位。1976年，获物理学博士学位。1983年，任贝尔实验室电子学研究部主任，4年后转任斯坦福大学物理学及应用物理学教授。1993年，当选为美国科学院院士。1985年，他首先发现用激光冷却和捕捉原子的新方法。1997年10月，被授予诺贝尔物理奖。

物理学家崔琦

物理学家崔琦1939年生于河南，美籍华人。20世纪50年代到香港接受教育。1957年，在培正中学毕业，随后到美国继续深造。1967年，在美国芝加哥大学获物理学博士学位，此后到贝尔实验室工作。1982年至今（2009年），任美国普林斯顿大学教授，从事电子材料基本性质等领域的研究。1998年，获诺贝尔物理学奖。

文学家高行健

高行健1948年生于江西，原籍江苏泰州，法籍华人。剧作家、小说家。主要作品有剧作《绝对信号》、《野人》、《车站》；小说《灵山》、《一个人的圣经》等。2000年,作品《灵山》获诺贝尔文学奖。获奖理由:"其作品的普遍价值,刻骨铭心的洞察力和语言的丰富机智,为中文小说和艺术戏剧开辟了新的道路。"

化学家钱永健

美籍华裔科学家钱永健2008年10月8日与日本人下村修以及美国人马丁·沙尔菲共同获得当年诺贝尔化学奖。

这三位科学家因发现和研究绿色荧光蛋白而获奖。他们将平分诺贝尔化学奖奖金1000万瑞士克朗(约140万美元)。绿色荧光蛋白是研究当代生物学的重要工具,借助这一"指路标",科学家们已经研究出监控脑神经细胞生长过程的方法,这些在以前是不可能实现的。

钱永健1952年出生于美国纽约,在新泽西州利文斯顿长大。钱永健的家族可谓是"科学家之家",家中有多位工程师,他的父亲是机械工程师,舅舅是麻省理工学院的工程学教授。他是我国著名科学家钱学森的堂侄。

钱永健1995年当选美国医学研究院院士,1998年当选美国国家科学院院士和美国艺术与科学院院士。

钱永健曾获得许多重要奖项,包括:1991年,帕萨诺基金青年科学家奖;1995年,比利时阿图瓦-巴耶-拉图尔健康奖;1995年,盖尔德纳基金国际奖;1995年,美国心脏学会基础研究奖;2002年,美国化学学会创新奖;2002年,荷兰皇家科学院海内生物化学与生物物理学奖;2004年,世界最高成就奖之一的以色列沃尔夫奖医学奖。

诺贝尔年表

1833年　1岁　10月22出生于瑞典首都斯德哥尔摩。父亲破产。

1840年　7岁　父亲伊曼纽尔将家小留在故乡，而自己到俄国圣彼得堡找工作。

1841年　8岁　入小学。

1842年　9岁　父亲工厂的生意兴隆，全家迁到圣彼得堡。

1843年　10岁　父亲发明的鱼雷受到俄国政府的重视，获颁奖励金3000卢布。弟弟艾米尔诞生。

1850年　17岁　留学美国，学习机械技术。

1852年　19岁　在巴黎他深爱的少女去世，怀着悲伤的心情回到圣彼得堡。

1853年　20岁　父亲获俄皇颁授奖牌。他因积劳成疾而到德国的埃格温泉养病。

1854年　21岁　英国、法国、土耳其、萨丁尼亚—皮埃蒙特的联合军对俄战争开始（克里米亚战争）。伊曼纽尔所发明的鱼雷，被埋设在芬兰湾。被希宁、特拉浦两博士鼓励做硝化甘油炸药的发明。

1856年　23岁　克里米亚战争俄国兵败，父亲的工厂陷入困境。因水计量器的改良，而获得专利权。

1858年　25岁　为筹措父亲的事业资金而去伦敦。

1859年　26岁　父亲事业失败，双亲带着弟弟艾米尔回到斯德哥尔摩。

1860 年	27 岁	一边与二哥路德维格在转售的工厂中工作，一边从事硝化甘油炸药的研究。这一年冬天，生了场大病。
1863 年	30 岁	发明硝化甘油炸药用的雷管。10 月，得到硝化甘油炸药的专利，跟父亲在斯德哥尔摩办厂。
1864 年	31 岁	硝化甘油工厂爆炸，弟艾米尔惨死。政府取缔炸药愈加严密，以致被迫关闭瑞典工厂而在德国建厂。10 月，成立硝化甘油炸药公司。
1865 年	32 岁	在德国汉堡设立火药公司，在克鲁伯建厂。
1866 年	33 岁	硝化甘油爆炸事件不断在世界各地发生，因此各地争相取缔，硝化甘油公司陷入困境。但因此发明了甘油炸药。
1867 年	34 岁	5 月，获得英国的炸药专利。这一年炸药年产量为 11 吨。新的诺贝尔雷管发明成功。
1868 年	35 岁	从美国开始，在欧洲各地开设诺贝尔公司，炸药事业鼎盛。跟父亲同时获得瑞典科学研究院的亚斯特奖。
1870 年	37 岁	克鲁伯火药工厂爆炸，造成重大损失。普法战争开始，炸药初显威力。
1871 年	38 岁	在英国创办炸药公司。法国也允许制造炸药，和巴布合作创业。
1872 年	39 岁	父亲伊曼纽尔病故。
1873 年	40 岁	定居巴黎。大哥罗伯特在巴库发现油田。
1876 年	43 岁	雇用贝露妲为秘书，之后逐渐热衷于和平运动。
1878 年	45 岁	完成可塑炸药。5 月，加入哥哥们的石油事业，成立诺贝尔兄弟石油公司。
1882 年	49 岁	到俄国和哥哥路德维格会面。
1884 年	51 岁	被推荐为伦敦皇家学会、巴黎技术协会、瑞典皇家科学协会的会员。
1887 年	54 岁	取得喷射炮弹火药的专利。

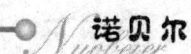

1889 年	56 岁	母亲卡罗琳娜在故乡斯德哥尔摩去世。
1890 年	57 岁	受法国人迫害,离开居住 18 年之久的巴黎,搬到意大利圣雷莫,在当地创立研究所。
1893 年	59 岁	成为瑞典埃普沙拉大学的荣誉教授,讲授哲学。
1895 年	62 岁	于 11 月 27 日立下遗嘱,因此产生后来的诺贝尔奖。
1896 年	63 岁	12 月 10 日的晚上,在圣雷莫的米欧尼德庄永眠。
1901 年	逝世后 5 年	12 月 10 日依照诺贝尔的遗嘱,在斯德哥尔摩举行第一届诺贝尔颁奖典礼。